# Cómo estudiar la Biblia

*Serie «Conozca su Biblia»*

# Cómo estudiar la Biblia

*por Alicia Vargas*

Augsburg Fortress

MINNEAPOLIS

SERIE CONOZCA SU BIBLIA: CÓMO ESTUDIAR LA BIBLIA

Diseño de la cubierta: Diana Running; Diseño de libro y portada: Element, llc

ISBN 978-0-8066-5777-6

SERIE CONOZCA SU BIBLIA: CÓMO ESTUDIAR LA BIBLIA

Cover design: Diana Running; Book design: Element, llc

13    12    11    10    09    1    2    3    4    5    6    7    8    9    10

# Esta serie

«¿Cómo podré entender, si alguien no me enseña?» (Hechos 8.31). Con estas palabras el etíope le expresa a Felipe una dificultad muy común entre los creyentes. Se nos dice que leamos la Biblia, que la estudiemos, que hagamos de su lectura un hábito diario. Pero se nos dice poco que pueda ayudarnos a leerla, a amarla, a comprenderla. El propósito de esta serie es responder a esa necesidad. No pretendemos decirles a nuestros lectores «lo que la Biblia dice», como si ya entonces no fuese necesario leer la Biblia misma para recibir su mensaje. Al contrario, lo que esperamos lograr es que la Biblia sea más leíble, más inteligible para el creyente típico, de modo que pueda leerla con mayor gusto, comprensión y fidelidad a su mensaje. Como el etíope, nuestro pueblo de habla hispana pide que se le enseñe, que se le explique, que se le invite a pensar y a creer. Y eso es precisamente lo que esta serie busca.

Por ello, nuestra primera advertencia, estimado lector o lectora, es que al leer esta serie tenga usted su Biblia a la mano, que la lea a la par de leer estos libros, para que su mensaje y su poder se le hagan manifiestos. No piense en modo alguno que estos libros substituyen o pretenden substituir al texto sagrado mismo. La meta no es que usted lea estos libros, sino que lea la Biblia con nueva y más profunda comprensión.

Por otra parte, la Biblia —como cualquier texto, situación o acontecimiento— se interpreta siempre dentro de un contexto. La Biblia responde a las preguntas que le hacemos, y esas preguntas dependen en buena medida de quiénes somos, cuáles son nuestras inquietudes, nuestras dificultades, nuestros sueños. Por ello, estos libros escritos en nuestra lengua, por personas que se han formado en nuestra cultura y la conocen. Gracias a Dios, durante los últimos veinte años ha surgido dentro de nuestra comunidad latina todo un cuerpo de eruditos, estudiosos de la Biblia, que no tiene nada que envidiarle a ninguna otra cultura o tradición. Tales son las personas a quienes hemos invitado a escribir para esta serie. Son personas con amplia experiencia pastoral y docente, que escriben para que se les entienda, y no para ofuscar. Son personas que a través de los años han ido descubriendo las dificultades en que algunos creyentes y estudiantes tropiezan al estudiar la Biblia —particularmente los creyentes y estudiantes latinos. Son personas que se han dedicado a buscar modos de superar esas dificultades y de facilitar el aprendizaje. Son personas que escriben, no para mostrar cuánto saben, sino para iluminar el texto sagrado y ayudarnos a todos a seguirlo.

Por tanto, este servidor, así como todos los colegas que colaboran en esta serie, le invitamos a que, junto a nosotros y desde la perspectiva latina que tenemos en común, se acerque usted a estos libros en oración, sabiendo que la oración de fe siempre recibirá respuesta.

*Justo L. González*
*Editor General*
*Julio de 2005*

# Contenido

# Agradecimientos

A mi esposo, el Rev. Dr. Steven Churchill, le agradezco cariñosamente todo lo que me ha ayudado para realizar Cómo estudiar la Biblia, y por todas las páginas que ha leído y releído. Gracias a mis hijos Tony y Christina, mientras les enseñan a sus hijitas Alicia y Nicole sobre el Dios de la Biblia, por todo lo que nos han dado a mí y a mi profesión. Gracias también a mi hermana Alina, que me dio ánimo para escribir el libro, porque quiere conocer mejor su Biblia. Recuerdo con agradecimiento a Alicia, mi madre y mi modelo de fe persistente, y a Juan, mi padre, que me invitó a gozar de los libros. A la Asociación para la Educación Teológica Hispana y a la casa editorial Augsburg Fortress, les agradezco su interés y empeño en producir la serie de comentarios bíblicos *Conozca su Biblia* para el pueblo de habla hispana. Al Dr. Justo González, editor de la serie, pero mucho más importante, incansable mentor de tantos líderes latinos en los Estados Unidos, le doy gracias por su inspiración. A Pacific Lutheran Theological Seminary en Berkeley, California, le agradezco el tiempo de sabático para dedicarme a este libro.

Alicia Vargas
*Enero del 2009*

# Introduccíon

En mi casa había una Biblia. Estaba muy bien guardada y protegida. De vez en cuando mi hermana y yo la mirábamos con curiosidad, si por casualidad a nuestra madre se le olvidaba cerrar la gaveta donde residía ese misterioso libro cubierto con cuero negro, como ningún otro que hubiéramos visto antes. Recuerdo que nuestra madre nos encontró con esa Biblia en las manos una vez. Inmediatamente –y un poco agitada– nos dijo: «Esa es la Biblia de su abuelo. Tengan mucho cuidado con ella. ¡Póngala en la gaveta otra vez!». En el fascinante y brevísimo tiempo en que la pudimos tener en las manos, la habíamos abierto en el medio y habíamos visto en unas páginas muy elegantes los nombres de nuestros familiares que se habían casado y habían nacido. Nos gustó mucho ver también ahí nuestros propios nombres. Tras repasar el registro familiar, habíamos apenas empezado a leer desde el principio. En las primeras páginas habíamos leído una historia muy interesante sobre los primeros días del mundo y estábamos ojeando listas de nombres de antepasados de alguien... No llegamos a saber de quién antes que nuestra perspicaz mamá llegara a descubrir nuestra hazaña y pusiera fin a nuestra secreta lectura.

Años más tarde, heredé esa Biblia. No quise esconderla en una gaveta. La coloqué en la mesa de centro en la sala. El libro encuadernado en cuero lustroso negro con algunos vestigios de color dorado en los lados de las páginas era ahora para mí un objeto que simbolizaba el recuerdo amoroso de mis antepasados, de mi abuelo, de mi madre. También me recordaba su fe, simple y segura.

Como mi madre, yo tampoco dejaba que mis hijos manoseasen el libro. Desde pequeñitos les dije: «Eso no se toca». Ellos, como mi hermanita y yo cuando pequeñas, llegaron a tener mucha curiosidad por el libro en la mesa de centro.

Un día, cuando eran un poquitín mayorcitos, me pidieron que les leyese un libro, como era costumbre nuestra después de la cena. Mientras yo buscaba uno en su colección juvenil, ellos me vinieron con la Biblia de abuelo en las manos. «Bueno, en vez de regañarlos por haberme desobedecido y haberla tocado», pensé yo, «quizás esta sea una buena oportunidad para explicarles que la Biblia es un libro sobre Dios y que hay que respetarla», y así traté de hacerlo. «Este es un libro muy viejo. Es de su bisabuelo y cuenta historias de gente que vivió hace mucho, mucho tiempo, de Dios y de Jesucristo y por eso no se toca». Me prometieron que serían buenos y que no la tocarían más, pero quisieron que se las leyera. ¿Yo? ¿Leérsela yo a ellos, si apenas la había leído yo? Sí, yo sabía algunas cosas que decía la Biblia, pues las había escuchado. Algunas historias bíblicas las había escuchado muchas veces. Pero, ¿leérselas? ¡Yo no sabía leerla! ¡Yo no sabría cómo contestarles la gran cantidad de preguntas que como precoces criaturas seguramente me harían! Así que, como era hora de ir a dormir, opté por poner orden a la rutina diaria devolviendo la Biblia a la mesa de centro y metiéndolos en sus camitas con la bendición de Dios. Eso sí, les prometí que leeríamos las historias sobre Dios y Jesús otro día. Ese día no llegó muy pronto, pues a ellos se les olvidó y yo de seguro no se los iba a recordar.

Mis hijos y yo, y mi madre y mi abuelo, conocíamos la Biblia indirectamente. Aunque el libro que respetábamos estaba cerca de nosotros, en algún mueble en nuestra casa, nunca lo abríamos excepto cuando niños curiosos conseguían hacerlo, o después de un matrimonio o nacimiento, para añadir un nombre más a la lista de la familia. Sabíamos que era un libro muy significativo para nuestra familia, pero sólo en raras excepciones lo abríamos un poquito. La iglesia, las películas de Hollywood sobre personajes bíblicos, e inclusive los libritos bonitamente ilustrados para niños, nos contaban episodios e historias de la Biblia. Pero abrir la Biblia en sí por nosotros mismos parecía abrumador. Quizás era temor a su complejidad o a pensar que no éramos capaces de entenderla por nosotros mismos, que sólo «expertos» bíblicos o pastores sabían cómo leerla bien.

# Introducción

No fue hasta cuando empecé a ir a una iglesia, a la que alguna de la gente me invitó a participar en «estudios bíblicos», que la Biblia de mi abuelo salió de casa. Al principio, los personajes de las historias se me confundían terriblemente, y a veces se me confunden todavía. Me preguntaba una y otra vez: «¿Quién es el hijo, quién es el padre y quién es la madre de quién?». De alguna manera, gracias a ciertas nociones previas que tenía sobre algunos de los personajes bíblicos más populares, capté bastante del hilo de las historias para continuar leyendo. Había empezado a asistir a las sesiones de estudio más que nada porque quería trazar la historia de mis antepasados en la fe, algo así como tratar de reconstruir mi árbol genealógico religioso. Eso resultó ser interesante. Sin embargo, no fue hasta que un feligrés que era parte del grupo de estudio bíblico preguntó una vez: «¿Qué quiere decir aquí en Mateo 13.12 que al que tiene más, más se le dará, y al que tiene menos, más se le quitará?», que se me ocurrió que la Biblia es más que las meras historias que narra. Ahí fue que de veras empecé a interesarme a aprender a cómo estudiar la Biblia. ¿Cómo podía ser, como había dicho nuestro compañero de estudio muy confundido, que «un Dios justo le fuera a dar a los ricos más riquezas y le fuera a quitar a los pobres lo poco que tenían»? Parecía que entonces no sólo era cuestión de leer las palabras y las frases en la página, sino de hilvanarlas con el mensaje de las diferentes partes y del todo de la Biblia completa. Me iba dando cuenta de que solamente a través de un estudio más amplio y más consistente –más allá de leer frases salteadas del texto bíblico de vez en cuando– podemos entender con más claridad lo que Dios nos quiere decir. Nuestro compañero de estudio se preguntaba acerca de algo que él y otros no entendíamos inmediatamente. ¿Cómo Jesús podía decir algo que parecía tan injusto? ¿Cómo nosotros podíamos entender lo que realmente Dios nos estaba diciendo? Leyendo y estudiando más a fondo ese trozo bíblico nos habíamos dado cuenta que no se trataba de dinero, sino de fe. Fue así que me convencí de la necesidad de estudiar la Biblia con dedicación y cuidado. Mientras lo hacía también iba notando cómo lo que iba leyendo se encarnaba en la existencia diaria, mía y de mi comunidad. Me daba cuenta de que entendiendo la Biblia mejor, mejor escuchamos y entendemos a Dios mientras nos habla aquí en nuestro tiempo y en los lugares en que nos encontramos. Leyéndola con asiduidad y persistente hábito escuchamos la voz de Dios guiando nuestra vida de fe día a día. ¡Qué maravillosa oportunidad nos espera en las páginas bíblicas!

Es un honor ahora y una gran responsabilidad el escribir el presente libro precisamente sobre cómo estudiar la Biblia. No soy experta en ello, pero tampoco creo que haya tales expertos. Somos todos lectores y somos todos criaturas del Dios que nos habla como individuos y como comunidad. Creo que todos, si sacamos nuestras Biblias de las gavetas o las desempolvamos de donde estén en nuestras casas, estamos perfectamente capacitados para leer este libro sobre Dios, sobre la fe de los que nos precedieron en ella, y sobre el mundo que Dios quiere que vislumbremos a través de sus páginas. Todo lo que necesitamos para leerla, estudiarla y entenderla es fe. Todo lo que necesitamos es esa fe que nos ha sido traspasada por madres, padres, abuelos, abuelas, y a veces, hasta por hijas e hijos. Una buena amiga o un compañero de trabajo, un sacerdote, un pastor o una pastora, una hermana laica o una comunidad entera bien pueden habernos demostrado su fe y alimentado la nuestra. Con esa fe —que pudo sernos traspasada de muchas maneras y a través de muchas diferentes personas, pero que siempre proviene del Espíritu Santo— todos somos capaces de ser lectores de este libro de libros, de este libro de Dios.

Mi hermana sabe que me han pedido que escriba este libro. Hace unos días cuando recogí el correo del día encontré una tarjeta que ella me enviaba. Me sorprendió, pues no suele comunicarse conmigo por correo, ya que vivimos en la misma área metropolitana en el Norte de California. «Quizás sea una invitación a algo», pensé. No, no era una invitación. Era algo que provenía de muy dentro de su ser, era el hambre de entender lo que dice ese libro que habíamos encontrado en la gaveta de nuestra madre en Cuba hace muchos años. Y es así que mi hermana me anima en la tarjeta a gestar este libro sobre la Biblia porque, me dice también, ella desea conocer mejor su Biblia. Ella espera, y yo también con la ayuda de Dios, que el presente libro le dé ciertas pautas para la lectura bíblica. Eso es todo a lo que aspiro: que a ella y a Ud., querido lector o lectora, el presente libro y la serie de comentarios bíblicos adecuadamente llamada *Conozca su Biblia* —de la cual es parte—, le den las pautas para leer por sí mismo y en conjunto con su comunidad el libro de Dios. Esté encuadernada en cuero o en simple papel, el libro de libros al que llamamos «la Biblia» es el regalo más rico de Dios para nosotros. Recibamos el divino regalo leyéndola y estudiándola con asiduidad y fe.

# Introducción

Este libro es solamente un preámbulo para que el creyente que quiera acercarse a los textos bíblicos lleve consigo alguna idea sobre las ricas y diversas maneras en que pueden leerse. Aquí hablaremos de cómo leer la Biblia como palabra de Dios y de cómo estudiar las diversas clases de textos que se encuentran en sus páginas, desde narraciones hasta poesía y sueños. Aquí revisaremos cómo la Biblia se puede leer como un recuento de la vida con Dios de nuestros antepasados en la fe. Aquí veremos cómo la Biblia no nos habla sólo del pasado histórico, sino que su mensaje es especialmente relevante para nuestro presente y para nuestro futuro. Aquí trataremos de ver cómo la faz divina se refleja en las páginas de la Biblia. Aquí también nos enfocaremos en cómo el hábito de leer la Biblia cotidianamente nos mantiene despiertos en la fe y espabilados para seguir los designios divinos como individuos y comunidades.

Partiremos desde nuestra fe, o sea, la premisa de que la Biblia contiene la palabra de Dios y que por lo tanto tiene autoridad para la persona creyente. Si no fuera por este acto de fe –posibilitado por el Espíritu Santo, que es el creer en la autoridad de la Biblia sobre nuestras vidas– el leerla sería una cuestión académica o de mero placer literario. No. Los creyentes leemos la Biblia como la palabra de Dios para nosotros. En las páginas de la Biblia oímos nada menos que a Dios mismo hablándonos. No es que creamos que Dios mismo tomó lápiz y papel y se puso a escribir página por página. No. En otro tomo de esta misma serie, titulado *Cómo se formó la Biblia*, podemos ver precisamente eso: cómo se formó y quiénes, según las teorías, fueron los redactores de los diferentes libros que se recopilan en lo que hoy llamamos «la Biblia». Sin embargo, esas palabras escritas por creyentes inmersos en sus comunidades de fe fueron inspiradas por Dios, pues el mensaje de Dios nos viene a través de ellas. Así decimos que la palabra de Dios nos viene a través de las páginas bíblicas.

Así como las páginas escritas fueron inspiradas por Dios, él mismo inspira también nuestra lectura de ellas. No hay estudio o programa académico posible que abra nuestro oído, nuestro corazón y nuestro ser a recibir la palabra de Dios. Sólo nuestra fe, que es regalo de Dios en primer lugar, posibilita esa conexión entre el Dios que nos habla y quienes le escuchamos. Dios nos habla y quiere que le escuchemos, pero sólo con fe podemos hacerlo. Por eso una frase que se repite en algunos libros de la Biblia dice: «el que tiene oídos, que oiga». Los oídos no pueden oír a Dios sin fe. Decir que la Biblia es palabra de Dios es decir que tenemos oídos con fe. ¡Gracias a Dios que quiere que le oigamos y que nos da fe para poder hacerlo! El primer capítulo de este libro se dedica a ver cómo la Biblia es, y cómo ha sido leída y estudiada como palabra divina.

El segundo capítulo se centra en cómo leer las variadas formas literarias que se encuentran en la Biblia. Yo escribo aquí solamente en prosa. Escribo lo más claramente posible y trato de explicar lo que quiero decir lo más directamente que puedo. Los redactores bíblicos también utilizaron prosa en narraciones y cartas –géneros también en sí–, pero usaron además otras abundantes formas o géneros literarios como la poesía, los sueños metafóricos y muchos más. Los géneros literarios en la Biblia se valen de ricos recursos literarios que tienen su propia lógica y su propio objetivo en la comunicación. Es muy útil reconocer qué recursos están presentes en lo que estamos leyendo. El tener alguna pista de la estructura y lógica de cada clase de texto nos ayuda a leer los diferentes trozos bíblicos y nos facilita su comprensión. El estar conscientes de los diferentes usos de los recursos literarios utilizados en la Biblia también nos ayuda a visualizar el contexto en que se produjeron y en el cual su significado se compartía y se recibía. Una carta y una poesía, por ejemplo, implican diferentes contextos de comunicación. El localizar los contextos en que los diferentes géneros se usaban añade, en gran medida, una visión más amplia de su significado.

Así también, el familiarizarnos con el concepto de historicidad en la redacción de los libros de la Biblia nos ayuda a comprenderlos. En el tomo de esta serie titulado *Cómo se formó la Biblia*, tanto como en los comentarios sobre cada libro, el lector o la lectora podrá encontrar respuestas a las siguientes preguntas sobre cada libro bíblico en particular: ¿A qué período(s) de la historia judeo-cristiana se refiere? ¿Cuándo y bajo qué circunstancias se escribió? ¿Por qué motivo se escribió? Aquí, en el tercer capítulo del presente tomo, exploramos el concepto de historicidad como el testimonio histórico de la presencia de Dios con su pueblo para realzar nuestra comprensión del mensaje divino.

El cuarto capítulo está dedicado a cómo la lectura de las páginas bíblicas puede ser un llamado a nuestra liberación como individuos y como comunidades. El testimonio de la presencia de Dios con su pueblo y de la presencia de Jesucristo, hijo de Dios con nosotros, no es meramente cuestión de historia pasada. El milagro de nuestra lectura del libro de Dios, de su palabra, está en las consecuencias que esa lectura produce en nuestras vidas. Para vivir abundantemente, como Dios quiere que vivamos, las palabras de las páginas bíblicas nos hablan en todas nuestras circunstancias personales, familiares, comunales y hasta globales. La palabra de Dios es para todas nuestras circunstancias. La palabra de Dios es para darnos el poder de romper con todo lo que nos mantiene esclavizados en una vida que es menos que abundante. La palabra de Dios, que leemos y estudiamos en la Biblia, nos llama a la posibilidad de la liberación de toda cadena que nos mantenga viviendo como si fuésemos menos que plenos hijos e hijas de nuestro Dios creador, redentor e inspirador. Nuestra lectura de la Biblia no es cuestión de curiosidad en datos del pasado, sino de actualidad vital para nosotros, aquí donde nos encontramos, en todas nuestras circunstancias personales y comunales, en este momento mientras vivimos. Como pueblo latino en los Estados Unidos, y como pueblo latinoamericano, muchas veces nos encontramos bajo circunstancias esclavizantes, ya sean económicas, políticas o sociales. Entrañado en esas mismas circunstancias, Dios nos habla en las páginas de la Biblia. En el cuarto capítulo exploramos cómo escuchar al Dios que nos habla de nuestra liberación en la Biblia.

En el quinto capítulo aspiramos a ver cómo la faz de Dios mismo se nos comunica en su libro. ¿Qué Dios es nuestro Dios? Todos podríamos hacer una lista de algunos atributos de Dios, si alguien así nos lo pidiera. ¿Cómo es que hemos llegado a compilar esa lista? Nuestro propio pueblo latinoamericano y latino en los Estados Unidos, ¿qué ve cuando mira a su Dios? ¿Qué Dios vemos entre página y página de la Biblia? En ese quinto capítulo veremos cómo nuestra lectura de la Biblia puede ser un claro espejo de Dios para nosotros.

El sexto capítulo quizás sea el más importante de todos, pues está orientado a que aprendamos mejor cómo estudiar la Biblia como palabra de Dios, como literatura sagrada, como testimonio histórico de Dios con su pueblo, como el llamado a nuestra liberación como individuos y comunidades en este momento y en los lugares en donde nos encontramos, y como espejo de la faz divina para nosotros no es suficiente. Nuestro estudio de la Biblia en todas las maneras que antes hemos mencionado nos ayudará inmensamente a entender el mensaje. Pero, ¿cómo hacemos el mensaje nuestro? ¿Cómo lo hacemos parte de nuestras propias vidas? ¿Cómo es que simplemente no se nos olvidará la inspiración que encontramos en nuestro estudio? ¿Cómo se encarnará el mensaje para que lo llevemos con nosotros a todo lugar en todo momento? Sólo con la disciplina devocional podemos vencer el cansancio de la existencia diaria, el tedio y la apatía de la rutina y la existencia febril que muchos vivimos. La disciplina devocional, el leer la Biblia como ejercicio para nuestro espíritu, nos fortalece y nos proteje de la mera supervivencia superficial que nos amenaza diariamente. En el sexto capítulo podemos ver de qué manera y a través de qué recursos podemos continuar inundándonos cada día del espíritu de Dios en las páginas de la Biblia, para la plenitud de nuestras vidas.

En cada uno de los capítulos mencionados anteriormente se incluirán ejemplos que específicamente ilustren las diferentes maneras de leer la Biblia de que cada capítulo trata. En el séptimo capítulo, además, se incluyen ejemplos de cómo leer textos bíblicos en el contexto de situaciones personales y comunales específicas. Es así, en contexto, que los textos bíblicos alcanzan significado relevante a las vidas reales de individuos y comunidades.

La versión de la Biblia utilizada en las citas bíblicas de este libro será la de *Reina Valera*, edición de 1995. En otro tomo de esta serie, *La Biblia castellana*, se explica la diferencia entre las varias versiones de la Biblia en español. Por ahora, sin más, emprendamos nuestra exploración de cómo estudiar la Biblia.

## Capítulo 1

# La Biblia como palabra de Dios

La base, fundamento y razón por los cuales estudiamos la Biblia como creyentes es que esa colección canónica de libros es la palabra de Dios para nosotros. Es decir, a través de nuestra fe, como individuos o como iglesia creemos que la Biblia es autoritativa porque creemos que es la palabra de Dios para nosotros. Su autoridad se deriva de nuestra fe. Sin fe sólo veríamos un libro que es una colección de otros. Sería muy interesante de todos modos leer esa colección de libros como historia o como literatura antigua. Pudiéramos incluso tomar la Biblia como testimonio de la fe de nuestros antepasados, y no más. Leeríamos entonces acerca de la fe de nuestros antepasados, pero no de la nuestra. Pero la Biblia no es sólo historia, ni siquiera mera historia de la fe de nuestros antepasados. Es eso y mucho, mucho más. Para nosotros los cristianos, la Biblia contiene la palabra inspirada por Dios. Es el libro en que se basa nuestra fe. Es el libro en que nos habla Dios. Es por eso que muchos de nosotros respetamos el libro y a veces no queremos tocarlo mucho, por tanto respeto. Es por eso que mi madre y yo o lo protegíamos en una gaveta o lo exhibíamos en un lugar central en el hogar como objeto sagrado, que los niños no debían perturbar. Es por eso que a veces lo damos de regalo a un bebé en su bautizo o a una pareja en su boda. Sin embargo, como regalo de Dios a nosotros –en el que Dios mismo se nos da–, es al abrir, leer, y estudiar este libro divino con fe que oímos a Dios en él. Esa fe es regalo también del Espíritu Santo. Nuestra fe es nutrida en comunidad y alimentada por la iglesia y por hermanos y hermanas creyentes que nos instruyen en la fe y nos dan testimonio de su propia fe. A la vez, esa fe se nutre por los pasajes bíblicos que nos hablan de Dios.

El concepto de escritura sagrada data de la antigüedad. Muchas religiones han tenido y tienen sus escrituras en las cuales basan su fe. Antes de los cristianos, los judíos les dieron autoridad divina a los cinco primeros libros de la Biblia actual, lo que ellos llaman «Torah». Creían que la comunicación divina les llegaba a través del Génesis, Éxodo, Levítico, Números y Deuteronomio. Lo que proclamaban los profetas hebreos y el contenido de otros escritos históricos canónicos se tomaba también como palabra inspirada por Dios. Así es que los escribas judíos tomaban muy en serio la copia de cada manuscrito, para que duplicase exactamente a los originales. La lectura de la Torah y la de la proclamación de los profetas, por ejemplo, se hacía dentro de cuidadosos rituales. Esa actitud hacia el texto se nos ha traspasado a los cristianos y todavía se nota en cómo leemos la escritura bíblica en nuestras iglesias. En muchas iglesias mostramos respeto cuando se leen los trozos bíblicos asignados al día, y nos ponemos de pie cuando se va a leer el evangelio, para así acentuar esa actitud de respeto hacia la palabra de Dios.

Las escrituras hebreas fueron aceptadas por los primeros cristianos como su propia escritura. Jesus mismo leía y se refería a las escrituras hebreas dentro y fuera de la sinagoga cuando les hablaba a sus hermanos judíos como uno de ellos. Muchos cristianos leían y leen las escrituras hebreas –lo que nosotros le llamamos el «Antiguo Testamento»– desde la perspectiva cristiana. Por ejemplo, muchos ven en el Antiguo Testamento el anuncio del advenimiento de Jesucristo. Durante la Navidad oímos en la iglesia las palabras de Isaías 7:14 como anuncio del nacimiento del niño Jesús. Eso es un ejemplo de esta lectura cristiana de las escrituras judías que son parte de la Biblia cristiana. Algunos académicos consideran que no es conveniente hacer eso. Creen que debemos dejar que el Antiguo Testamento se refiera solamente a la experiencia de Dios del pueblo judío antes de Jesús. Creen que no debemos utilizar una óptica cristiana cuando leemos el Antiguo Testamento. Esta es una opinión minoritaria, pues es mucho más común que los cristianos leamos la Biblia desde nuestra perspectiva. Es un hecho que los cristianos provenimos del pueblo y la religiosidad judía. Jesús mismo era judío. La mayoría de nosotros vemos una continuidad inseparable entre el testimonio de fe del pueblo de Dios antes y después del nacimiento de Jesús. Por eso muchos no dudamos en leer las escrituras judías –que son parte de nuestra Biblia– buscando pistas del advenimiento de Jesucristo. La discusión académica continúa y continuará, pero cada uno de nosotros puede tomar su propia decisión en cuanto a esto.

Eso sí, lo que no podemos hacer de ninguna manera es despreciar a nuestros hermanos judíos. Los judíos y los cristianos no somos enemigos religiosos; todo lo contrario, somos familia. Desafortunadamente han habido demasiadas ocasiones en que los judíos han sido perseguidos –y hasta quemados en un tronco o exterminados en masa– por poderes políticos y religiosos que se autodenominan cristianos, pero que no tienen ni la menor idea de para qué Jesucristo vino al mundo. Los cristianos, tanto como los judíos, somos llamados a amar al prójimo y a ser agentes de reconciliación. Hemos fallado en eso muy repetidas veces, pero con el amor de Dios y la promesa de perdón y salvación seguimos adelante en la vocación a la que hemos sido llamados. Esperemos que en el futuro seamos más fieles a esa vocación de reconciliación y amor en todas nuestras palabras y en todas nuestras acciones hacia todo prójimo dentro y fuera de nuestra familia judío-cristiana.

Siguiendo el ejemplo judío, los cristianos les dieron autoridad a escritos sobre la vida de Jesucristo y las experiencias de los primeros cristianos. A esa nueva colección de libros le llamamos el «Nuevo Testamento» precisamente para distinguirla de las escrituras judías que son parte de la Biblia. En el Nuevo Testamento incluimos los evangelios de Mateo, Marcos, Lucas y Juan, además de narraciones sobre los discípulos de Jesús y los primeros cristianos, como el libro de «Hechos», y de cartas o epístolas del apóstol Pablo y otros líderes cristianos.

Si examinamos, sin embargo, el contenido de diversas versiones de la Biblia podemos notar que en algunas se incluyen más libros que en otras. El proceso de escoger el canon, o sea, la lista de libros que los cristianos deben tomar como sus sagradas escrituras, ha sido largo y a veces contencioso. Diferentes iglesias han llegado a diferentes conclusiones y decisiones. La Biblia protestante difiere un poco de la católica romana, por ejemplo. La mayoría de los libros del Antiguo Testamento, y todos los del Nuevo, están, sin embargo, en las dos Biblias. Las diferencias, que tienen que ver con algunos libros del Antiguo Testamento, no son cruciales y no preocupan a muchos. Hay mucho más en común que lo que es diferente.

Hay también diversidad de versiones de la Biblia en términos de traducciones. Los libros bíblicos se redactaron en hebreo, arameo y griego. La Biblia que leemos ahora ha sido traducida de los idiomas originales a los nuestros. Como en toda traducción, también en cada traducción de la Biblia hay un elemento de interpretación que viene a ser parte de cómo nos llega la palabra de Dios. Esto, aunado al hecho de que diferentes iglesias cristianas tienen diferentes libros canónicos en sus Biblias, nos recuerda que cuando decimos que la Biblia está inspirada por Dios estamos conscientes de que las palabras y los libros bíblicos literalmente han sido redactados e interpretados por seres humanos. Sabiendo esto, sin embargo, decimos que la Biblia «es la palabra de Dios». Al decir eso no estamos afirmando que Dios escribió cada palabra, sino que a través de las palabras en la Biblia nos llegan a nosotros el mensaje, los designios, y el amor de Dios.

El contexto en que se redactan, se traducen y se leen las sagradas escrituras bíblicas añade aun más flexibilidad de interpretación. El texto bíblico, como cualquier otro texto, funciona como comunicación que se ha insertado en varios contextos. Cada uno de los redactores o escritores de los manuscritos originales vivía en lugares y tiempos específicos. En esos precisos lugares y en esos precisos momentos, las personas que redactaron los textos vivían dentro de sus familias y clanes, dentro de sus pueblos, dentro de sus clases sociales, dentro de las diferentes perspectivas políticas e ideológicas de esos grupos. Cada perspectiva se diferenciaba seguramente de la de otros grupos a los cuales los redactares de otros libros de la Biblia pertenecían.

Al igual que los redactores, también nosotros, los lectores de la Biblia, pertenecemos a grupos sociales. Los grupos sociales a los que pertenecemos pueden ser diferentes unos de otros. Los diversos grupos pueden ver la misma realidad muy diferentemente, pues la ven desde diferentes ángulos ideológicos y sociales. Por ejemplo, en el clima político electoral de los Estados Unidos, durante la contienda hacia la presidencia de este país, los demócratas y los republicanos prueban ese hecho. Los demócratas y los republicanos ven la realidad de los Estados Unidos de diferentes maneras. Dentro del campo demócrata también encontramos diversidad ideológica y de opiniones, y variaciones sutiles (y no tan sutiles). Entre los republicanos sucede lo mismo. No pensamos todos en bloque, como robots programados. Hay infinidad de condiciones que, pudiéramos decir, nos «programan» a cómo ver la realidad. Desde individuos específicos en nuestras familias y en nuestro contexto más íntimo, hasta el contexto de interpretación científica de cada era, nos proveen diversos y diferentes ángulos para ver nuestra realidad —o sea, nos condicionan a posicionarnos en diferentes perspectivas.

Este concepto de «perspectiva» es clave cuando hablamos de la Biblia como palabra de Dios. En general, los cristianos, precisamente porque pertenecemos al contexto cristiano, aceptamos que la Biblia contiene la palabra de Dios. Como cristianos compartimos esa perspectiva. La iglesia, la tradición, los ejemplos de nuestra familia y del pueblo cristiano que nos rodea nos han enseñado a ver la Biblia como palabra divina, a respetarla y tomarla en nuestras vidas como tal.

Ahora bien, como los cristianos hemos vivido, vivimos, y viviremos en una variedad de contextos vitales —familiares, sociológicos y políticos, a través de muchos siglos en una gran cantidad lugares de la tierra— necesariamente nos acercamos a la Biblia con diferentes perspectivas afectadas por cada uno de esos contextos, y oímos la palabra de Dios desde esas perspectivas particulares a nuestra localización social. Una millonaria alemana y un campesino caribeño no sólo viven en diferentes lugares geográficos, políticos, y sociales, sino que sus maneras de ver el mundo son también diferentes. La visión del mundo de cada cual es tan diferente como la latitud en donde viven, la temperatura que los envuelve y los recursos financieros que poseen. Todo factor diferenciador afecta nuestra visión de la realidad. Así como la latitud y la temperatura determinan el tipo de ropa que la alemana y el campesino visten cada mañana, los recursos financieros diferenciadores entre ellos dictan una multiplicidad de actitudes y necesidades en sus vidas y sus relaciones humanas. Esos ejemplos de diferenciación, y todos los demás, nos predisponen también a leer e interpretar los textos bíblicos de manera diferente.

El texto bíblico se lee e interpreta desde diferentes contextos y su relevancia se aplica a cada uno de esos contextos. No podemos negar que el pueblo de Dios, en su diversidad, vive en muchos contextos diferentes. Es por eso que cada grupo ha de leer el texto desde su propio contexto y aplicarlo *conscientemente* a ese contexto particular. Como profesora latina que vivo en los Estados Unidos y pertenezco a la clase media de este país, no puedo leer, por ejemplo, ni desde la perspectiva de la millonaria alemana, ni desde la del campesino caribeño. Sin embargo, tal vez tenga muchas cosas en común con los dos. El énfasis en la lectura de las mujeres puede que me acerque en algunos aspectos a la lectura de la millonaria. Como balance –que a la vez añade complejidad a los múltiples contextos en que nos encontramos y a las perspectivas que se derivan de éstos– es posible que yo tienda a tener más en común con la lectura y la aplicación contextual que el campesino –aunque sea hombre– le dé al texto bíblico, pues compartimos trasfondos culturales e ideológicos. En otras palabras, los contextos no nos separan irremediablemente unos de otros. Al contrario, los contextos son como solapas que se cubren mutuamente, pero siempre parcialmente. Los contextos nos diferencian y a la vez nos unen como lectores de la palabra de Dios. Eso sí, Dios nos habla a todos en todos los contextos en que nos encontramos. Dios es el Dios de todos los que nos acercamos a escuchar su palabra. Dios está ahí en la Biblia para todos.

Lo mismo pasaba también con los redactores de la Biblia, y hasta con los personajes de que habla la Biblia. Las historias bíblicas se refieren a diferentes momentos históricos y a diferentes contextos ideológicos. Esas historias bíblicas presentan diferentes ángulos de cómo cada grupo veía, interpretaba y vivía su conexión con Dios. Como no tenemos a los redactores de los manuscritos originales, y aun menos a los personajes de los cuales se nos habla en la Biblia, nosotros, desde nuestras perspectivas, somos llamados a interpretar qué significan para nosotros las palabras que están escritas en la Biblia. Aunque estuvieran vivos y pudiéramos dialogar con los redactores de los manuscritos originales, o incluso con los personajes bíblicos, no necesariamente tendríamos que aplicarnos la situación de ellos de hace tantos siglos, y la interpretación que ellos le daban a su propia experiencia de Dios. Nuestros contextos son diferentes, y puede ser que la aplicación de su fe a su propia experiencia difiera de la nuestra. La palabra de Dios, entonces, nos viene filtrada tanto por los contextos de los manuscritos originales, como por los contextos de nuestra propia actualidad, y también de las diferentes tradiciones eclesiásticas a las que estamos ligados.

¿Cómo detectar entonces el preciso acento del mensaje divino para nosotros? Simplemente leyendo como si no hubiéramos leído antes el texto bíblico, con ayuda, sí, de la tradición a la que pertenecemos, pero conscientes de nuestro preciso lugar vital, o sea, de nuestra perspectiva. A veces sería difícil responder inmediata y claramente a alguien que nos preguntara a boca de jarro: «Pues, ¿cúal es *su* perspectiva?». Yo no tendría ni idea de cómo responder a tal pregunta si no hubiera explorado intencionalmente a qué grupos pertenezco. ¿Quién soy yo, y quiénes son como yo? Cómo oigo yo la palabra de Dios tiene que ver con cómo la oyen los que son como yo. Además, como se ha dicho, los contextos se solapan parcialmente unos sobre otros, así que estoy involucrada parcialmente en muchos contextos. Soy como muchos, y soy diferente a muchos. Mis oídos oyen a Dios de una manera diferente a la de muchos, y de manera similar a la de muchos que son diferentes a mí. Cómo oímos a Dios cada uno, y cómo oímos nosotros a Dios como pueblo es lo importante. Es importante para la vida en común de todos los creyentes como cristianos –diversos como somos unos de otros– ser conscientes de que otros individuos y otros grupos oyen a Dios de manera diferente. Tan importante como estar consciente de la diversidad entre cristianos, es el estar consciente de que nosotros mismos también gozamos de esa misma diversidad, de que nosotros también podemos contribuir con nuestra propia lectura e interpretación a la diversidad de interpretaciones contextuales, y de que nosotros también estamos capacitados para oír la palabra de Dios desde el contexto de nuestras propias vidas.

Algunos pudieran quizás preocuparse pensando en cómo tanta diversidad de contexto de redacción, lectura e interpretación de la Biblia afecta a los cristianos. Tal vez les preocupe que tanta diversidad de perspectivas contextuales nos pudiera llevar a una relatividad de lecturas que no tenga nada en común. Sin embargo, estemos conscientes de ella o no, esa relatividad es un hecho. Usualmente, si no estamos conscientes de esa relatividad contextual, lo que pasa es que adoptamos una lectura impuesta por sistemas sociales y eclesiales que no necesariamente reflejan nuestro propio contexto. Desafortunadamente lo que pasa entonces es que no oímos lo que Dios nos dice a nosotros, sino lo que Dios les ha dicho a otros en otros contextos.

En otros dos capítulos de este libro se analizarán con más detalle la perspectiva histórica de los textos y la perspectiva contextual específica del pueblo latino en los Estados Unidos y del pueblo latinoamericano. Aquí sólo hemos empezado a explorar el concepto de perspectivas contextuales como primer paso, para más tarde enfocarnos específicamente en las diferentes perspectivas históricas, incluyendo la del pueblo latinoamericano y la del pueblo latino en los Estados Unidos.

A quien esté preocupado por la multiplicidad de perspectivas contextuales, o cómo cada grupo puede oír la palabra de Dios desde su ángulo particular, le podemos decir que ese precisamente es el milagro de la palabra de Dios: que su palabra no es estática, que es para nosotros, precisamente como somos, donde estamos y en el momento en que estamos. Además, y lo más importante, es que todos los cristianos de todo tiempo y de todo lugar geográfico y social, oímos al mismo Dios que nos dio a todos su propio hijo Jesucristo para nuestra salvación y abundante vida. Esa es nuestra unidad: Jesucristo. Su encarnación nos une con el mismo Dios. Todos los cristianos de ahora y de siempre, antes de nosotros y después de nosotros por los siglos de los siglos, estamos unidos en Jesucristo. Todos oímos una misma cosa en común, la base y fundamento de nuestra fe cristiana: Jesucristo, hijo de Dios, para nuestra salvación. Esa perspectiva común que todo cristiano comparte nos da un ángulo común. Como hemos dicho antes, todos pertenecemos a muchos contextos que nos proveen también ángulos particulares, y es por eso que los cristianos gozamos a la vez de diversidad y unidad al acercarnos a la Biblia. La leemos todos como cristianos. Quien provenga de otra fe religiosa diferente que no sea cristiana la leerá diferentemente a nosotros. Todos los cristianos, sin embargo, estamos unidos en que la Biblia es la palabra de Dios para nosotros, la que nos habla de Jesucristo, de su vida, de su muerte, de los judíos que son nuestros antepasados en la fe, de los primeros cristianos y de los inicios de las comunidades cristianas.

Otro elemento de diversidad interpretativa de la palabra de Dios es lo que se discute muy a menudo sobre si las palabras escritas en la Biblia se deben leer literalmente. Es decir, nos preguntamos si lo que se lee en la Biblia se debe tomar al pie de la letra. Por ejemplo, la Biblia dice que Dios creó los mayores componentes de «los cielos y la tierra» en seis días y descansó el séptimo día. Algunos insisten en que debemos pensar en siete días de veinticuatro horas, cada uno de acuerdo a nuestro concepto de la duración de lo que tomamos ahora por un «día». Otros eruditos, pastores, comunidades de fe y cristianos creyentes –o bien leen el texto del Génesis como narración mítica general del origen de la creación o, partiendo de un punto interpretativo similar– toman el concepto de «día» como etapas de la creación. Así, «un día» podría significar una etapa de la creación en la que, de acuerdo a la voluntad divina, las estrellas y los planetas fueron formados, y otro «día» asimismo podría referirse a la unidad de tiempo que tomó para que la especie humana se desarrollase. Según ese tipo de interpretación, Adán y Eva no habrían sido creados en sólo veinticuatro horas, sino vendrían a ser ejemplos personificados de los primeros humanos que caminaron erectos sobre la tierra y fueron capaces de tener un concepto de Dios. Adán y Eva se podrían tomar así, no como dos individuos particulares, sino como nuestros primeros antepasados humanos. Desde ese marco interpretativo, un poco más tarde, la Biblia nos diría entonces por medio del libro del Génesis que Dios no sólo creó a la especie humana, sino que también se conectó con nuestro primeros antepasados humanos para darles consciencia de su Creador y del bien y el mal. El árbol y la serpiente en la historia de la tentación serían entonces objetos poéticos (literarios y no literales) para comunicarnos la voluntad de Dios de que distingamos entre el bien y el mal, y escojamos el bien.

En el caso del Génesis, leamos o no literalmente el texto sobre la creación, posiblemente llegaremos a la misma conclusión teológica: que somos criaturas de Dios, así como lo es el universo y todo lo que hay en él. Sin embargo, en otros pasajes bíblicos el leer literalmente o el leer literariamente nos llevarían a diferentes conclusiones interpretativas, especialmente en lo referente a la ética cristiana. Diferentes denominaciones cristianas han adoptado una u otra posición interpretativa. Algunas han escogido afirmar la lectura literal. Muchas iglesias fundamentalistas están en ese caso. Otras muchas denominaciones protestantes han escogido seguir una línea interpretativa menos literal. Dentro de cada denominación, sin embargo, se encuentran grupos e individuos que tienden al leer la Biblia más o menos literalmente.

En este aspecto, posiblemente cada uno de nosotros lee la Biblia como ha sido instruido y como se acostumbra en nuestra propia tradición. Siempre es posible cuestionar esa tradición cuando cada uno se acerca al texto bíblico para oír la palabra de Dios. Si lo que leemos no nos parece algo que podamos creer literalmente, no hay que hacer la Biblia a un lado, como muchos hacen por no poder creer algunas de las cosas que literalmente no concuerdan con nuestros conocimientos científicos contemporáneos, o simplemente con nuestra sensibilidad y nuestra visión del mundo actual. Recordemos en esos momentos que cada uno puede leer e interpretar la Biblia desde su propia perspectiva, y si nos encontramos en polos interpretativos opuestos al de una comunidad, posiblemente haya otras comunidades de fe con las cuales nuestra sensibilidad particular se sienta más afín.

La insistencia de algunos en el concepto de la infabilidad de la Biblia (que la Biblia está exenta de errores) proviene de una tradición interpretativa literal. El no leer la Biblia literalmente palabra por palabra no significa que los que no la leen así crean que la Biblia contiene errores. No, todo lo contrario. Los que leen la Biblia conscientes de la necesidad de interpretación del texto, tanto contextual como literariamente, mantienen también que no hay error en lo que nos dice. Dios nos dice lo que nos tiene que decir. Dios no se equivoca. Dios no se confunde. Nosotros a veces confundimos la palabra de Dios. A veces nos contentamos con leerla e interpretarla como otros lo han hecho, como discutíamos anteriormente. Y a veces nos contentamos con leer palabra por palabra literalmente sin esforzarnos por leer el texto en toda su riqueza literaria o por compaginar lo que leemos con lo que sabemos, como hechos científicos o históricos. El gran error al leer la Biblia no es error de Dios ni de la Biblia, sino de nosotros. En la Biblia no hay error, y no hay duda de eso. El error está en no utilizar nuestros propios oídos y la fe que nos permite acercarnos a la Biblia tal como somos. A veces nos acobardamos y dejamos que otros se acerquen por nosotros. A veces la leemos como otros nos dicen que la debemos leer. No. Acerquémonos a ella. Acerquémonos a la fuente de abundante vida. Acerquémonos a la palabra que no se equivoca al hablarnos, al guiarnos, al darnos a Dios mismo aquí y ahora. Acerquémonos con fe abierta y confiando en que Dios nos hablará como les hablaba a nuestros antepasados. Toda palabra, literal o no, es para nosotros. La Biblia no es registro o récord científico del mundo, de la creación, o de la especie humana en general, sino que nos habla a cada uno en nuestros contextos contemporáneos. Y esos contextos incluyen los conocimientos científicos que poseemos hoy en día, las sensibilidades sociales de estos tiempos, y nuestras localizaciones ideológicas particulares.

Claro, puede haber y hay interpretaciones personales y hasta colectivas que sean erróneas. Esas interpretaciones suelen ser obviamente erróneas porque van claramente en contra de los fundamentos cristianos del amor de Dios por su creación y de nuestro amor al prójimo. Desgraciadamente en muchas ocasiones se ha justificado la guerra y hasta el genocidio, como en el caso del nazismo, basándose en interpretaciones erróneas y manipulativas de la palabra divina. En esos casos, no es la palabra de Dios la que es errónea, sino su interpretación por parte de grupos e individuos inmersos en un contexto abusivo, imperialista y criminal.

Hay otras interpretaciones que son erróneas simplemente porque los lectores ignoran el trasfondo contextual que les da significado a las palabras escritas. Entonces nos confundimos y tendemos a rellenar nuestra ignorancia con nuestra imaginación, que muchas veces entonces resulta equivocada. Es por eso que necesitamos enterarnos un poco del trasfondo histórico de los textos.

Otras veces, sabiendo el trasfondo histórico, tenemos que reinterpretar el mensaje del texto destinado al lector de los tiempos bíblicos para que tenga relevancia para los lectores de hoy. La Biblia dice en Levítico 20, por ejemplo, que la persona que maldiga a sus padres ha de morir irremisiblemente, y que se ha de ejecutar a toda persona que haya cometido adulterio. Hoy no creemos en ejecutar ni a hijos que maldigan a sus padres ni a personas que hayan sido infieles en su matrimonio. Lo encontramos mal y éticamente condenable, pero no creemos en la ejecución de esas personas que causan sufrimiento a sus padres y a sus cónyuges. Las palabras en la Biblia lo dicen literalmente: «Todo hombre que maldiga a su padre o a su madre, de cierto morirá, pues a su padre o a su madre maldijo: su sangre caerá sobre él» (Lev. 20.9) y «Si un hombre comete adulterio con la mujer de su prójimo, indefectiblemente será muerto» (Lev. 20.10). Las palabras de la Biblia lo dicen claramente, pero en nuestro contexto contemporáneo Dios no nos dice que ejecutemos a quien maldiga a sus padres ni a quien cometa adulterio. En el momento histórico en que esas palabras fueron escritas, el trasfondo cultural y social de los pueblos a que se destinaron incluía expectativas punitivas y judiciales diferentes a las nuestras. Los mismos historiadores no están seguros si todos estos métodos punitivos se llevaban a cabo o no. Lo que es cierto es que en el contexto de los Estados Unidos y de los países latinoamericanos hoy en día no se ejecuta a nadie que maldiga a su padre y a su madre, y si un padre o una madre golpea a uno de sus hijos por haberles maldecido, son ellos los que serán condenados por las leyes y pueden hasta perder la custodia legal de sus propios hijos. Hasta en casos pasionales, si un miembro de una pareja casada mata al otro por haber cometido adulterio será juzgado como criminal y castigado por leyes judiciales por asesinato. Las palabras en la Biblia dicen que los adúlteros deben morir irremisiblemente, pero sin duda esas mismas palabras no nos dicen eso literalmente a nosotros hoy. Estos son solamente ejemplos obvios de la relatividad interpretativa necesaria en nuestra lectura de la Biblia.

En el siguiente capítulo veremos cómo el lenguaje poético y metafórico se utiliza frecuentemente en la Biblia. La expresión poética y metafórica ayuda a expresar la palabra de Dios, o sea, lo que Dios quiere comunicarnos. En los abundantes casos de textos poéticos tampoco es posible leer la Biblia literalmente. Las metáforas no se han de tomar como errores por no poder ser tomadas literalmente. Al contrario, las metáforas empleadas en la Biblia aumentan la expresividad de la palabra divina. Nos comunican niveles de expresión que serían difíciles de conseguir con lenguaje literal. Dentro o fuera de la Biblia no podemos leer el lenguaje metafórico literalmente, sino literariamente. La palabra de Dios nos viene envuelta en literatura, pero eso lo exploraremos más a fondo en el próximo capítulo.

Por ahora dejemos a la Biblia misma referirse a la palabra de Dios en sí. Muchos son los pasajes bíblicos que se refieren a la palabra de Dios como tal y a lo que hace en nosotros. Veamos algunos. La primera carta de Pedro (1.23-25), con ecos de Isaías (40.6-8), se refiere a la permanencia de la palabra divina en contraste con la nuestra: «pues habéis renacido, no de simiente corruptible, sino de incorruptible, por la palabra de Dios que vive y permanece para siempre porque: "toda carne es como hierba, y toda su gloria es como la flor de la hierba. La hierba se seca, y la flor se cae; pero la palabra del Señor permanece para siempre"». Y en Mateo 24.35 se dice de nuevo: «El cielo y la tierra pasarán, pero mis palabras no pasarán». Esa palabra —que es permanente y sobrepasa nuestra existencia, la de nuestros antepasados, la de los que nos seguirán, y aun la de la propia creación— es la que oímos nosotros a través de nuestra fe: «Así que la fe es por el oír, y el oír, por la palabra de Dios» (Ro 10.17). Así es que la oímos como palabra divina: «Por lo cual también nosotros damos gracias a Dios sin cesar, porque cuando recibisteis la palabra de Dios que oísteis de nosotros, la recibisteis no como palabra de [seres humanos], sino según es verdad, la palabra de Dios, la cual actúa en vosotros los creyentes» (1Ts 2.13). Tanto obra en nosotros la palabra de Dios que la necesitamos como necesitamos el pan de cada día para nuestro vivir:

«...no sólo de pan vivirá [el ser humano] sino de todo lo que sale de la boca de Jehová...» (Dt 8.3).

La palabra de Dios se encarnó en Jesucristo. Él vino a nosotros como palabra encarnada y nos habló con la palabra de Dios. En Juan: «Y el Verbo se hizo carne y habitó entre nosotros lleno de gracia y de verdad; y vimos su gloria, gloria como del unigénito del Padre» (1.14) y «porque aquel a que Dios envió, las palabras de Dios habla, pues Dios no da el Espíritu por medida» (3.34). Dios se nos da en la palabra escrita, leída, oída, y nos da esa palabra plena en Jesucristo mismo, en su carne y en su mensaje. En la Biblia oímos nada menos que la palabra divina para nosotros: en la página a través de nuestra interpretación hecha con fe, y en Jesucristo cuya vida, muerte y mensaje está en las páginas bíblicas. Oigamos esa palabra con fe. Como se dice en la Biblia: «el que tenga oídos para oir, oiga» (Mt 13.9). Oigamos la palabra de vida porque: «el espíritu es el que da vida; la carne para nada aprovecha. Las palabras que yo os he hablado son espíritu y son vida» (Jn 6.63).

## Capítulo 2

# La Biblia como literatura sagrada

Cuando leemos la Biblia no estamos leyendo estrictamente un tratado histórico detallado, sino que estamos leyendo el recuento de la historia de la fe del pueblo de Israel y la historia de fe de las primeras comunidades cristianas. Ese testimonio teológico fue primero transmitido de generación a generación oralmente, y con el paso del tiempo fue escrito. Así, escrito, nos ha llegado a nosotros en lo que llamamos «la Biblia», la colección de libros de nuestras «escrituras» canónicas. Lo que tenemos ahora son textos escritos. Por lo tanto, hemos de acercarnos a ellos como tales, como textos escritos. Sin embargo, la inmensa mayoría de los textos bíblicos que tenemos son más que textos escritos, son textos saturados de recursos literarios. El poder imaginativo de los textos literarios bíblicos provee efectiva y amplia expresión al testimonio teólogico de nuestros antepasados en la fe y nos invita a nuestra propia interpretación contemporánea y contextual.

El texto bíblico no es como el que escribo yo aquí: un lineal, simple y claro ensayo declarativo. Al contrario, en las páginas de la Biblia abundan artísticas expresiones literarias para comunicar más efectivamente la inmensidad de la presencia divina en las vidas de nuestros antepasados y en las nuestras. A veces, o nos equivocamos, o nos confundimos, o dudamos de la historicidad de lo que va más allá de historia, de la expresión de fe que sólo puede captada por imágines y recursos líricos y metafóricos. Por ejemplo, en la Biblia hay «hipérbole» (como se les llama a las exageraciones en los estudios de literatura) y simbolismos que nos confunden y despistan. Si estuviéramos leyendo una cronología puramente histórica no nos encontraríamos con esos desafíos interpretativos. El objetivo de la tradición oral que dio origen a los textos escritos que han llegado a nosotros era comunicar y hacer más fácil la transmisión de las historias sagradas y las creencias teológicas de los antepasados. Eso que nosotros consideramos desafíos interpretativos ahora, o quizás como «problema», no era problema entonces. Las repeticiones, las aliteraciones, y las abundantes estructuras poéticas que ahora tenemos en la Biblia no obstaculizaban sino, al contrario, facilitaban la comunicación y la comprensión de las historias de fe del pueblo israelita y de las primeras comunidades cristianas. ¿Qué es más fácil para nosotros aprender de memoria, una canción y un poema, o un par de páginas de un libro de geografía o historia? Las canciones y poemas se valen de ritmos, aliteraciones, repeticiones y otros recursos artísticos que nos hacen mucho más fácil la memorización, y es por eso que se usan tanto en la transmisión oral de las historias sagradas de los pueblos.

A veces las historias orales se mutaban un poco, ya sea por requisitos contextuales, para adecuarse a la situación específica de un momento histórico, por la redacción escrita por diferentes comunidades, o simplemente por la discontinuidad natural causada por la transmisión a través de décadas y siglos. Por eso es que tenemos a veces diferentes versiones de un evento. Eso puede que nos confunda también. Por ejemplo, en el Antiguo Testamento tenemos dos historias de la creación y en el Nuevo Testamento tenemos tres versiones del bautismo de Jesús y cuatro de la resurrección. Varios detalles de cada versión difieren unos de otros, a veces bastante significativamente. Los textos bíblicos que nos han llegado han tomado diferentes formas literarias y reflejan inclusive diferentes versiones narrativas de un mismo evento por razones muy prácticas, lógicas y humanas.

De igual forma, a veces encontramos en un mismo libro bíblico diferentes estilos literarios. Muchos eruditos han escrito muchas páginas examinando las diferencias y las posibles fuentes de estas diferencias. ¿Qué comunidades contribuyeron a qué partes de un mismo pasaje narrativo? Esa discusión es muy interesante y nos ayuda a notar la composición del texto. A veces nos es útil notar las diferencias estilísticas, y a veces eso no es imprescindible para nuestra comprensión del texto. Si acaso nos despistamos por alguna inconsistencia de estilos en un texto, podemos siempre recurrir a los comentarios bíblicos escritos por estudiosos de esos textos, como la serie de comentarios bíblicos de la cual este volumen es parte. Si las diferencias de estilos son críticas para el entendimiento del texto, éstas serán sin duda explicadas en el comentario apropiado al libro y al pasaje en cuestión.

Hay muchas formas de literatura y la Biblia incluye muchas de ellas. La Biblia incluye algunas formas literarias que ya no usamos hoy, y muchas otras con las que estamos bien familiarizados, pues son muy comunes todavía en nuestra propia comunicación contemporánea. Algunas formas literarias en la Biblia provienen de la tradición oral, como las canciones e himnos. Otras que todavía usamos comúnmente hoy en día son, por ejemplo, las cartas y las narraciones. Sin embargo, las formas de las cartas y las narraciones contemporáneas difieren estilísticamente de esas mismas formas como se usaban en tiempos bíblicos. Las fórmulas de saludos y despedidas que Pablo utiliza en sus cartas a las comunidades cristianas del primer siglo después de Jesucristo son diferentes a las convenciones estilísticas que nosotros usamos en nuestras cartas hoy día.

Algo que debemos tener presente es que en tiempos del Antiguo Testamento no había casi ninguna distinción entre literatura religiosa y literatura secular. Los Proverbios, por ejemplo, se refieren a cosas tan comunes como el chisme y la lisonja, y el El Cantar de los Cantares incluye referencias a las partes anatómicas de la amada, tales como el cuello, los ojos, el vientre, la nariz y hasta el ombligo. Para el pueblo judío de entonces, la vida completa, incluyendo los más minuciosos detalles, estaba integrada con su fe. En los tiempos en que fueron redactados los libros del Nuevo Testamento ya se hacía más distinción entre escrituras religiosas y documentos seculares. En ambos casos, sin embargo, es importante recordar que la creación literaria de los textos religiosos no era, como sería ahora, tanto creación artística de un individuo en particular (aunque el individuo esté siempre inserto en sus grupos sociales), sino que los estilos literarios presentes en la Biblia reflejan las tradiciones literarias del pueblo judío y las comunidades cristianas. Sin duda encontramos variedad entre, por ejemplo, el estilo del libro de Mateo y el de Lucas, pero las variantes tienen que ver más con el contexto de cada una de esas dos comunidades (la de Mateo y la de Lucas), que con la sensibilidad artística de sus respectivos redactores. Claro que podemos encontrar sutilezas idiosincráticas puramente estilísticas (según los gustos personales) en los diferente libros, pero tienen mínimo impacto. Las sutilezas estilísticas que tienen impacto en el mensaje particular de cada libro provienen de la situación de cada comunidad en la que se produce y en la que se desarrolla la tradición que está redactada ese libro. El estilo del Apocalipsis es hiperbólico y simbólico, no tanto porque a la persona que lo redactó le gustara escribir así, sino porque el mensaje de urgencia del libro se expresa más apropiadamente en metáforas espectaculares. El alto valor simbólico del libro se debe a la situación de represión política de los judíos por el poder imperialista romano, y no meramente a experimentaciones artísticas del redactor. Otra vez, los estilos literarios bíblicos que nos llegan tienen razón de ser por causas muy prácticas, lógicas y humanas.

En la Biblia tenemos muchas historias y muy poca teología sistemática. El mensaje teológico de la Biblia nos viene envuelto en narración y poesía. Es común hoy que cuando hablamos de «teología» pensemos en volúmenes de denso lenguaje académico escrito por profesores eruditos. Los redactores de la Biblia poseían un grado más alto de educación que el del pueblo de su tiempo en general, no cabe duda; pero lo que traspasaron a la página escrita eran las historias de fe que ya circulaban –durante muchos siglos a veces– en la tradición oral de sus propias comunidades. Esa tradición oral no sistematizaba teológicamente la experiencia de su Dios, sino que expresaba el poder, la adoración, la esperanza y el sentido de liberación que derivaban de su fe. Sí hablaban de Dios, pero no «teorizando» como tendemos a hacerlo hoy en ambientes académicos y hasta congregacionales.

Para expresar su sentido y su experiencia de Dios en forma de historias, los redactores traspasan a los rollos de pergaminos un mundo simbólico rico en significado teológico, pero no teología al estilo académico occidental al que estamos tan acostumbrados. Progresivamente, desde la Edad Media hasta la época moderna – principalmente en Alemania–, nos hemos empeñado en describir a Dios intelectualmente. Hemos producido, por ejemplo, maravillosas descripciones de los atributos de Dios. ¿No le llamamos a Dios «omnipresente» y «todopoderoso»? ¿No discutimos a través de murallas denominacionales acerca de la «transubstanciación», la «presencia real» y la «presencia simbólica» del cuerpo de Jesucristo en la comunión? En la Biblia no hay tal preocupación intelectual, salvo en pocas excepciones. Parte de las cartas de Pablo se pudieran considerar como tales excepciones. Sin embargo, es nuestra utilización de dichas cartas la que ha resultado en un elusivo esfuerzo de sistematizar lo que no es sistematizable. Por eso nos topamos con continuas «contradicciones» en nuestros estudios académicos de las cartas paulinas. El resultado de nuestras tentativas de sistematizarlas es que la mayoría de las veces las hemos descontextualizado. También hemos minimizado su peso literario y simbólico. Pablo quería comunicarles a sus congregaciones la realidad de la gracia divina, pero lo hacía con lenguaje de fe, esperanza y amor. Ese lenguaje es muy diferente al lenguaje intelectual académico, y por eso resiste nuestros esfuerzos por sistematizarlo. Para leer las cartas paulinas, como para leer el resto de la Biblia, hemos de entrar en el mundo simbólico bíblico. Ese mundo simbólico no se ha de sistematizar, o sea, no se ha de reducir a fórmulas aplicables al todo. Hemos de leer cada texto en sí. Hemos de sentir el efecto literario de cada mundo simbólico tal y como se expresa en cada libro.

Repasemos ahora algunos de los mayores recursos literarios que expresan el mensaje bíblico. ¿Cómo nos dice la Biblia lo que nos dice? ¿De qué se vale para decírnoslo?

## Hipérbole

Uno de los recursos literarios más utilizados en la Biblia es la hipérbole o exageración. Como muchas de estas hipérboles son obvias exageraciones, los lectores de la Biblia tendemos a no estar conscientes de que se utilizan como recurso literario. Como también hacemos uso de exageraciones en nuestro hablar cotidiano (ejemplo: «todo el mundo habla español aquí», cuando obviamente «todo el mundo» ni habla español, ni está dondequiera que sea «aquí»), leemos muchas de las exageraciones en la Biblia sin prestarles mayor importancia, tal como leeríamos las notas escritas de nuestras expresiones hipérbolicas idiomáticas diarias. Eso no causa mayor problema interpretativo. Tal como nosotros diríamos en cualquier conversación coloquial, exagerando, para anunciar que una noticia ha sido ampliamente diseminada, se dice en 2 Samuel 3.35 que «…supo aquel día todo el pueblo y todo Israel, que el rey no había tenido participación en la muerte de Abner hijo de Ner». En 2 Samuel 16.22 «todo Israel» se supone que haya visto a Absalón tener relaciones sexuales con las concubinas de su padre: «Entonces pusieron para Absalón una tienda sobre el terrado, y se llegó Absalón a las concubinas de su padre, ante los ojos de todo Israel». Obviamente no «todo Israel» estaba observando el evento. Posiblemente la tienda de Absalón no estuviera tampoco a la vista del pueblo completo. Tales hipérboles, por ser tan comunes en el lenguaje coloquial, no confunden nuestro entendimiento del texto. Simplemente sabemos que el texto quiere decir que el evento era del conocimiento común.

Cuando no estamos conscientes de que la Biblia utiliza la hipérbole como recurso literario para enfatizar su mensaje tendemos o a tratar de creer literalmente la exageración, o a descartar todo el mensaje bíblico por no poder creer tales exageraciones literalmente. Un caso muy famoso de hipérbole bíblica es la edad de los patriarcas que vivieron antes del diluvio. Muchos individuos alegan que toda la Biblia es falsa porque no es posible que hayan existido personas que vivieran tantos años. Pero otros muchos estudiosos de la Biblia ven las edades tan avanzadas de los patriarcas que se citan en la Biblia como exageradas para destacar su posición patriarcal tan especial en la historia del pueblo de Israel. La práctica de exagerar la longevidad de los antepasados claves de un pueblo fue tradicional también en otras culturas. Por ejemplo, a algunos reyes de Sumaria se le atribuía haber vivido miles de años. El vivir una larga vida tenía la implicación de haber ganado el favor de Dios, y por lo tanto se tomaba como atributo positivo digno de patriarcas y matriarcas.

El diluvio en sí puede también leerse como una narración mítica hiperbólica. Que toda la faz de la tierra estuviese inundada y que todo lo que vivía en la tierra fuese destruido con excepción del clan de Noé y los pares de animales que cupieron en su arca, también se puede ver como una exageración narrativa con el trasfondo de otras historias de eventos parecidos que provenían de culturas que circundaban al pueblo de Israel. Esto se haría para enfatizar el punto ético de la voluntad divina para la regeneración de su pueblo. Si se creen literalmente o no, lo importante de estas exageraciones es el mensaje que conllevan: Dios quiere que vivamos vidas éticas, y aunque fallemos en vivir la vida según su voluntad, Dios nos da otra oportunidad. No nos destruirá por fallar. El arcoiris nos atestigua la promesa de Dios en nuestro futuro. No habrá diluvios destructivos, sino una llamada a la regeneración como pueblo de Dios. Eso es lo que Dios nos quiere decir, y la Biblia nos lo dice en lenguaje hiperbólico, pero tan verdadero como la palabra de Dios.

Hay abundantes hipérboles en la Biblia. Los recuentos de las batallas militares de los libros de Josué, Jueces y 2 Samuel están saturados de exageración –tanta que se hace difícil de leer para quien tenga especial sensibilidad contra las visualizaciones de guerra violentas y sangrientas. Nos pudiéramos preguntar: «¿Cómo un Dios de compasión y amor facilita, como varios pasajes de esos libros parecen atestiguar, matanzas de magnitud y crueldad semejantes?». Lo más probable es que, como algunos historiadores sostienen, la magnitud de esas batallas esté exagerada. El propósito del lenguaje hiperbólico en esas narraciones es tratar de aumentar el impacto de la narración en el oyente o lector. Los redactores de esos libros subrayaban de esa manera la ardiente pasión de Dios por justicia para su pueblo y la obediencia que ese pueblo le debía a su Dios. Esa es una manera literaria de comunicar el mensaje en momentos históricos, que es cuando ese mensaje se hace necesario. En el próximo capítulo exploraremos las repercusiones interpretativas del hecho de que los detalles históricos no vienen de cada evento, sino que las narraciones de tales ocasiones históricas fueron redactadas más tarde sobre la base de historias orales, y que esto se hizo cuando tales historias servían a los intereses y propósitos nacionalales y teológicos de otro momento.

A veces las hipérboles van contra nuestro sentido común y nuestras sensibilidades culturales. Por ejemplo, en el libro de Lucas (14. 26) leemos: «Si alguno viene a mí y no aborrece a su padre, madre, mujer, hijos, hermanos, hermanas y hasta su propia vida, no puede ser mi discípulo». Para muchos lectores con trasfondos culturales en los que la familia es vastamente importante, estas palabras bíblicas nos pueden parecer imposibles de oír tal como están. A veces o las rechazamos por entero, o nos sentimos incapaces de tan magno sacrificio. Por no poder «aborrecer» a nuestra familia nos podemos sentir como discípulos de segunda clase, incompletos, defectuosos, no íntegros. Eso es si leemos esas palabras literalmente y no literariamente. El redactor de Lucas usa el verbo «aborrecer» para tratar de transmitir el mensaje de Jesús sobre la fidelidad y prioridad de obediencia que como discípulos le debemos. El verbo es fuerte. En algunas traducciones al inglés se usa el drástico verbo «*hate*/odiar». Como prueba de que el redactor de Lucas usa un verbo hiperbólico como recurso literario bíblico para enfatizar la prioridad del discipulado en nuestras vidas, podemos ver que otro libro bíblico,

Mateo, lo pone de otra manera: «El que ama a padre o a madre más que a mí no es digno de mí; y el que ama a hijo o a hija más que a mí, no es digno de mí...» (10. 37). El redactor de Lucas escoge un verbo negativo y lo amplifica; el redactor de Mateo decidió utilizar una comparación más positiva para comunicar el mismo mensaje. Nadie transcribió en taquigrafía o grabó en una grabadora las palabras exactas de Jesús. Cuando los evangelios de Lucas y de Mateo fueron escritos algunas décadas después de la muerte de Jesús, lo que quedaba en la comunidad era lo más importante: el mensaje que él nos había dejado de la naturaleza primordial del discipulado. Los redactores de los dos evangelios nos comunican ese mensaje de dos maneras literarias diferentes. En Lucas muy posiblemente tenemos un lenguaje hiperbólico, y lo más probable es que Jesús no dijera que tenemos que tratar de «aborrecer» a nuestra familia literalmente. Ahora bien, si los intereses de la familia obstaculizan nuestro discipulado, entonces el mensaje de Jesús recordándonos nuestra responsabilidad como discípulos tiene relevancia para nuestro discernimiento vocacional como cristianos.

En la Biblia hay infinidad de casos literarios de hipérbole. Pudiéramos aquí citar muchísimos más, pero serían una pequeña parte de las exageraciones literarias en los textos bíblicos. Lo importante para nosotros es recordar que cuando leemos la Biblia estamos leyendo literatura –aunque no sólo literatura, claro está, pues como decíamos en el capítulo anterior, lo más importante para leer la Biblia es nuestra fe. Con fe en la palabra de Dios y con visión literaria podemos distinguir palabras u otros elementos narrativos hiperbólicos mientras leemos, sin confundirnos así sobre el verdadero mensaje de los textos.

## Metáfora, símil, simbolismo

Otros instrumentos literarios abundantemente usados en los textos bíblicos son la metáfora y el símil. En la metáfora se hace una comparación implícita. Cuando la comparación se hace explícitamente (usualmente utilizando la conjunción «como») se le llama «símil». Estos recursos comparativos se usan abundantemente en mucha de la literatura de todo tiempo y lugar. La metáfora y el símil añaden significado conceptual a un mensaje que no se pudiera captar solamente con palabras cuyo sentido sea estrictamente literal. Una palabra o imagen de un contexto se traspasa a otro, importando parte del significado de su contexto primario para aumentar el significado del segundo. Es mucho más expresivo y requiere muchas menos palabras decir que Jesús es «la luz» del mundo, que explicar con oraciones declarativas todo lo que queremos verdaderamente decir con eso. La palabra «luz» funciona normalmente en contexto de la naturaleza (la luz del sol), u hoy en contextos técnicos de electricidad (la luz de la bombilla eléctrica). Prestada de esos contextos y aplicada metafóricamente a Jesús, la palabra «luz» comunica una variedad de atributos de la luz que aumentan la imagen conceptual de Jesús en nuestra imaginación. Que Dios separará «las ovejas» de «los cabritos», como ocurre en el contexto del evangelio de Mateo, por ejemplo, metafóricamente nos comunica lo que ese evangelio nos quiere decir sobre la diferencia entre los discípulos que sirven a Dios y los que no. El lenguaje religioso se beneficia de las comparaciones metafóricas, pues facilita especialmente la elusiva expresión de nuestra relación con la divinidad.

Como en el caso de las hipérboles, hay metáforas que no nos confunden en absoluto, y hay otras que sí, pues no son muy obvias. Está claro lo que Jesús quiere decir en Mateo 7.5: «¡Hipócrita! Saca primero la viga de tu propio ojo, y entonces verás bien para sacar la paja del ojo de tu hermano». En este ejemplo automáticamente sabemos que Jesús no se está refiriendo literalmente a un tronco y a un pedazo de paja. Este par de comparaciones metafóricas no nos oculta, sino que nos enfatiza, el significado de lo que quiere decirnos Jesús. Así es el caso de la serie de comparaciones metáforicas que se valen de transposición de sentidos a un diferente contexto (lo que en literatura se llama: «sinestesia») en el Salmo 55. 21:

«Los dichos de su boca son más blandos que mantequilla,
 pero guerra hay en su corazón;
suaviza sus palabras más que el aceite,
mas ellas son espadas desnudas».

Ahí tampoco hay confusión escondida para nosotros. Es obvio que este versículo describe las palabras de los enemigos del autor o de su comunidad como palabras llenas de hipocresía. Es pura poesía, pero el significado es inconfundible y las metáforas y el símil que se encuentran en ella tienen claramente un sentido figurado.

Ahora bien, hay ocasiones es las que caemos en la tentación de tomar literalmente el nivel metáforico, especialmente cuando se aplica a una narración completa. El gran pez que se tragó a Jonás, por ejemplo, a veces se toma literalmente. El pequeño libro de Jonás es, sin embargo, una creación literaria al estilo de otras muchas narraciones del folclor regional. Quizás, según los eruditos bíblicos, esta breve historia fuese basada remotamente en un profeta que había vivido en Galilea. La historia se cuenta con un estilo rebosante de humor y a un nivel metafórico, simbólico y hasta mítico. Era común en otras historias folclóricas tradicionales de la región que circundaba al pueblo de Israel el que un héroe fuese tragado temporalmente por un pez para así salvarse de alguna adversidad. El mensaje central de la historia es que el amor de Dios y su perdón son de tal inmensidad que a veces nosotros, como Jonás, no lo entendemos. Si no pasamos del nivel metafórico del mensaje —pensando cómo un hombre pudo haber sobrevivido el estar por tres días en el vientre de un pez, por grande que fuera, durante tres días— perderíamos el hilo de la historia que nos habla de la misericordia divina. Muy posiblemente lo que puede confundirnos a nosotros no era confuso para quienes oían o leían la historia de Jonás en tiempos bíblicos, pues estaban familiarizados con el género de la tradición folclórica de las otras culturas vecinas.

El simbolismo es también, como la metáfora y el símil, un recurso literario comparativo, y en la Biblia el significado del símbolo se deriva del contexto de la obra escrita. Por eso es frecuente que el simbolismo se explique en la misma narración. En el Apocalipsis, por ejemplo, «los siete candelabros de oro» y «las siete estrellas» en la descripción de la figura de Cristo (Ap 1.12-16) son interpretados como «las siete iglesias» y «los ángeles de las siete iglesias» —respectivamente— en Apocalipsis 1.20. Sin embargo, no todo símbolo se explica pues, como ocurre en el libro del Apocalipsis, el simbolismo tiene una utilización muy práctica por cuanto puede fácilmente encubrir mensajes políticos subversivos. Si el lector contemporáneo no percibe el patrón simbólico, muchas equivocaciones pueden ocurrir en su interpretación. El contexto del libro del Apocalipsis es así muchas veces erróneamente aplicado a escatologías fantásticas y temibles sobre el fin del mundo, cuando en realidad el final lleno de portentosas calamidades al que se refiere el libro es el del Imperio Romano de su tiempo. El mensaje del libro gira en torno a la perseverancia en el sufrimiento y a la esperanza del pueblo mientras vive bajo el yugo imperial.

El estar familiarizados con los principales recursos literarios que se encuentran en la Biblia nos ayuda inmensamente en nuestra lectura de ella. También nos facilita la aplicación del mensaje bíblico a nuestras propias situaciones. Un pueblo oprimido por sistemas imperialistas, ya sean políticos o económicos, puede muy bien entender el mensaje del Apocalipsis para su realidad vital. Muchos de nosotros quizás hemos escuchado afirmaciones fantásticas sobre el libro y sobre su complejo simbolismo. Sin duda el simbolismo es denso y complejo. Muchos eruditos han dedicado décadas a interpretarlo, y no se ha llegado a ninguna conclusión definitiva sobre lo que toda la riqueza simbólica del libro significa. En el caso de este libro, como en el de otros pasajes simbólicos bíblicos, es esencial que el lector o lectora recurra a comentarios bíblicos reputables para facilitarle la lectura e interpretación.

## Antropomorfismo, personificación

El antropomorfismo es el recurso literario que consiste en atribuirle características humanas a lo que no las tiene. Se usa en la Biblia muy a menudo atribuyéndole características humanas a Dios. También se personifica a la naturaleza, y le son atribuidas pasiones, sentimientos y actitudes humanas. En la Biblia estas le son frecuentemente ocasionadas a la naturaleza por un encuentro con la divinidad. Veamos algunos ejemplos de estos imaginativos y ricos recursos literarios que se usan tan frecuentemente en la literatura bíblica:

«Dios, te vieron las aguas;

las aguas te vieron y temieron;

los abismos también se estremecieron» (Sal 77.16).

En ese versículo, las aguas y los abismos la naturaleza reaccionan como si fueran humanos al ver a Dios. A través de esa reacción personificada de la naturaleza se nos comunica la grandeza y majestad divinas.

Dios es también directamente descrito por medio de la naturaleza. En el primer ejemplo que sigue se le traspasan la grandeza y el poder del sol a Dios, y en el segundo el poder y la fuerza provienen del león:

«porque sol y escudo es Jehová Dios;
gracia y gloria dará Jehová» (Sal 84.11a).

«Porque yo seré como león a Efraín,
y como cachorro de león para la casa de Judá;
yo, yo mismo los despedazaré y me iré;
los arrebataré, y nadie podrá liberarlos» (Os 5.14).

Dios se representa como persona humana en el siguiente ejemplo del Génesis: «Luego oyeron la voz de Jehová Dios que se paseaba por el huerto, al aire del día; y el hombre y su mujer se escondieron de la presencia de Jehová Dios entre los árboles del huerto» (3.8). Y en Lucas 23.46, Jesús se refiere a «las manos» de su «padre» cuando a punto de morir en la cruz le enconmienda su espíritu: «¡Padre, en tus manos encomiendo mi espíritu!».

Ahora bien, todas estas personificaciones y antropomorfismos son sólo eso. Dios es Dios, no una persona humana que se pasea en el huerto con piernas, pies y manos, ni es el sol, ni un león o cachorro de león. Las descripciones basadas en la naturaleza o en elementos antropomórficos se emplean porque tenemos que usar lo que sabemos para describir algo tan trascendente como Dios. En Isaías se nos dice que no hay nada que sea semejante a Dios:

«¿A quién me asemejáis,
me igualáis y me comparáis,
para que seamos semejantes?
Sacan el oro de la bolsa
y pesan la plata con balanzas;
contratan a un platero para que de ello haga un dios,
y se postran y lo adoran.
Luego se lo echan sobre los hombros,
lo llevan y lo colocan en su lugar;
allí está sin moverse de su sitio.
Le gritan, pero tampoco responde
ni libra de la tribulación» (Is 46.5-7).

No tomemos literalmente los antropomorfismos. Derivemos de las personificaciones, antropomorfismos bíblicos y descripciones de Dios basadas en la naturaleza lo que indican de nuestra experiencia y fe en Dios. Pero no limitemos a Dios. No hagamos a Dios semejante a nadie ni a nada en particular, pues Dios es único. No hagamos de Dios un ídolo de ninguna clase, ni de plata, ni de ninguna raza, ni de ningún género. Sólo Jesucristo se encarnó, se hizo humano para venir a nosotros y morir por nuestro pecado. Dejemos que los antropomorfismos bíblicos sobre Dios nos anuncien sus atributos de poder, de gloria, de compasión, de amor y de salvación. Ninguna comparación ha de confundirse con la grandeza de Dios. Dios rebasa aun la suma de toda nuestra experiencia, imaginación y expresión lingüística.

## Otros recursos poéticos: imágenes, paralelismos

Además de las metáforas, símiles, hipérboles y antropomorfismos que se encuentran abundantemente en todos los libros de la Biblia, algunos de los libros están escritos enteramente en verso, como los Salmos, el Cantar de los Cantares y Lamentaciones. Job está casi enteramente en poesía. La poesía también salpica otros textos narrativos. Las formas poéticas bíblicas son ricas en paralelismos, personificaciones e imágenes líricas metafóricas que podemos apreciar hoy. Desafortunadamente algunos de los recursos literarios de la poesía, como el ritmo y la aliteración (o juego de sonido entre palabras producido por vocales o consonantes cuyos sonidos coinciden en patrones artísticos) no siempre pueden apreciarse fácilmente en traducción, con excepción quizás en alguna traducción especialmente acertada.

Muchas veces una imagen temática domina el lenguaje poético del poema o trozos de él. Por ejemplo:

«Alzaron los ríos, Jehová,
los ríos alzaron sus voces;
alzaron los ríos sus olas.
Jehová en las alturas es más poderoso
que el estruendo de muchas aguas,
más que las recias olas del mar».

En este trozo del Salmo 93 (3-4) la imagen del agua en «ríos», «mares» y «olas» domina esta parte del poema. De las aguas se derivan aquí los portentosos poderes que se le implican a Dios. Las «voces» y el «estruendo» de las aguas y las «recias» olas nos comunican poéticamente el poder divino en las «alturas». Consistentemente con el tema de alabanza del salmo, el llamado a alabar a Dios se comunica a través de esas imágenes potentes de las aguas, tanto como del uso poético del verbo «alzar». Toda esta estrofa poética nos ayuda a visualizar imaginativamente la altura metafórica de Dios, y hasta a sentir su fuerte poder.

En la siguiente porción del Salmo 97 (2-7) es la imagen temática del fuego y sus atributos la que nos comunica la imagen de Dios y su poder:

«Nubes y oscuridad alrededor de él;
justicia y juicio son el cimiento de su trono.
Fuego irá delante de él
y abrasará a sus enemigos alrededor.
Sus relámpagos alumbraron el mundo;
la tierra vio y se estremeció.
Los montes se derritieron como cera delante de Jehová,
delante del Señor de toda la tierra.
Los cielos anunciaron su justicia
y todos los pueblos vieron su gloria.
Avergüéncense todos los que sirven a las imágines de talla,
los que se glorian en los ídolos.
Póstrense ante él todos los dioses».

Este Salmo implica un contexto de tentación idólatra por parte del pueblo de Israel, que tiene que avergonzarse de servir a ídolos –o, como se les denomina en el poema: «imágenes de talla». El trozo termina con la exclamación de que todos los otros dioses se postren ante el Dios de Israel. Ese es el propósito, el mensaje a comunicar: no nos equivoquemos sobre quién es nuestro Dios. Y así se afirman los atributos del Dios que figurativamente «derrite» a todos los demás tal como los montes se derriten «como cera» en el plano literal del poema. El uso del verbo «derretir» es muy apropiado en este caso, pues las imágenes de cera de los otros dioses son las que han de ser derretidas. Para hacer derretir esas imágenes, el poder del Dios de Israel se describe poéticamente con imágenes de fuego y calor: «fuego irá delante de él y abrasará a sus enemigos alrededor». La naturaleza se hace partícipe de ese calor y fuego, y hasta los montes se derriten como han de ser derretidos los ídolos. Los relámpagos alumbran y la tierra se estremece para que todo el pueblo vea la gloria del Dios de Israel. La tierra y el cielo son personificados poéticamente: la tierra es testigo que «vio» el ardor del poder de Dios y los cielos «anunciaron» su justicia. ¡Qué imágenes tan poderosas para fortalecer la fe de quienes están tentados a adorar ídolos hechos de cera o de cualquier otro material!

En los libros narrativos, encontramos también himnos, canciones, poemas. El éxodo está redactado en forma narrativa, pero en Éxodo 15.1-18 encontramos un cántico u oda triunfal celebrando la huida de Egipto y la liberación del pueblo. La siguiente estrofa de esa oda comienza con la personificación de Dios como un «guerrero» y describe cómo ayudó a los israelitas a escapar:

«Jehová es un guerrero.
¡Jehová es su nombre!
Echó en el mar los carros del faraón y su ejército.
Lo mejor de sus capitanes, en el Mar Rojo se hundió.
Los abismos los cubrieron;
descendieron a las profundidades como piedras» (15. 3-5).

Las narraciones de los evangelios también a veces incluyen trozos enteros en poesía. En el primer capítulo de Lucas hay insertos dos cánticos: el cántico profético de de Zacarías sobre su hijo Juan el Bautista (Lc 1.68-79), y el himno de alabanza que canta María por el hijo que espera (Lc 1. 46-55). Este último se refiere al anuncio de su embarazo que se hace anteriormente en forma narrativa, pero en el poema se expresa la fe de María. Ella le ofrece a Dios un cántico de alabanza por su estado y por lo que significa para su pueblo. En el cántico se enaltece a Dios por lo que ha hecho en el pasado por su pueblo. La expresión de fe de María en el acompañamiento fiel de Dios con Israel es lo que se comunica de esta manera lírica. Asimismo se expresa la fe de la comunidad cristiana de Lucas en la continuidad de la presencia de Dios en el Hijo, el mismo Dios que «habló... con Abraham y a su descendencia para siempre».

En este cántico, que se ha repetido infinidad de veces en la liturgia cristiana desde los inicios hasta nuestros días, vemos un recurso vastamente usado en las formas poéticas bíblicas, el de paralelismos. En la siguiente estrofa del cántico de María tenemos un par de paralelismos:

«Quitó de los tronos a los poderosos
y exaltó a los humildes.
A los hambrientos colmó de bienes
y a los ricos envió vacíos» (Lc 1. 52-53).

En este par de paralelismos antitéticos se contrasta a los poderosos que Dios destronó con los humildes que Dios exaltó, y a los hambrientos que Dios colmó de bienes con los ricos a los que Dios dejó vacíos. Aquí, el uso del recurso poético de los paralelismos refuerza el mensaje de la acción divina al presentar los dos extremos de su mediación. Al mismo tiempo, la repetición de los contrarios ayuda a hacer recordar este trozo tan popular en la liturgia cristiana.

El libro de Proverbios está lleno de paralelismos. Por ejemplo:
«El testigo falso no quedará sin castigo,
y el que dice mentiras perecerá» (19.9).

Este es un ejemplo de paralelismo sintético, o sea, el paralelismo donde la segunda parte dice lo mismo que la primera, pero añade un grado más a lo anterior.

Hay también en la Biblia paralelismos sinónimos. Estos sencillamente repiten lo mismo de dos manera diferentes. En el ejemplo siguiente «los cielos» que son «obra de tus dedos» y «la luna y las estrellas» que «tú has formado» dicen lo mismo de dos maneras diferentes:
«Cuando veo tus cielos, obra de tus dedos,
la luna y las estrellas que tú formaste» (Sal 8.3).

La elocuencia poética de los paralelismos es potente. La repetición lírica se desenvuelve en nuestra imaginación penetrando nuestros sentidos desde dos polos ya sean opuestos (paralelismo antitético), iguales (paralelismo sinónimo) o complementarios (paralelismo sintético). Mientras leemos la Biblia no es importante distinguir qué tipo de paralelismo estamos leyendo, pero sí es muy importante dejarse llevar por los dobles acentos de los paralelismos. Nuestro espíritu y nuestra imaginación así alcanzarán a oír la expresión lírica del texto.
«Extendí mis manos hacia ti,
mi alma te anhela como la tierra sedienta» (Sal 143. 6).

¡Que los paralelismos poéticos nos ayuden a extender nuestra profundización de la palabra de Dios! Este recurso tan popular de la poesía semita nos invita a meditar sobre nuestros propios paralelismos como individuos y como pueblo hacia el mensaje divino que anhelamos.

Aun con la abundancia de material poético, en su mayor parte la Biblia está escrita en prosa narrativa de varios tipos. De entre ellos, repasaremos a continuación dos categorías literarias que son particularmente pertinentes a nuestra interpretación de los textos bíblicos: la categoría simbólica, que incluye mitos, visiones y sueños, y la categoría de cartas que forman una parte considerable del Nuevo Testamento.

## Mitos, visiones, sueños

Los mitos, visiones y sueños que encontramos en la Biblia tienen en común su lenguaje simbólico y su función de explicación teológica de realidades trascendentes. La palabra «mito» se usa a menudo significando algo inventado y por lo tanto falso. En lenguaje coloquial decimos, por ejemplo, «¡Yo no lo creo! ¡Eso es un mito!». Pero la palabra «mito» no se usa en literatura para denotar historias falsas, sino que se refiere a narraciones que tratan de articular, a través de lenguaje simbólico, el significado trascendente de estructuras de la realidad que el pueblo comparte. Por ejemplo, toda cultura desarrolla su propio mito de la creación (con influencias unas de otras, no cabe duda) por la necesidad de explicarnos teológicamente nuestro origen. Hay gran acuerdo entre muchos eruditos bíblicos que el Génesis es la narración mítica de la creación del mundo y de nosotros mismos desde la fe judeo-cristiana. El Génesis es considerado así como la expresión simbólica de nuestro propio entendimiento de acuerdo a nuestra fe. Por lo tanto, hemos de interpretar el simbolismo del mito.

Hay personas que leen los mitos literalmente y creen al pie de la letra lo que describen en el plano literal. Hay otras personas que leen los mitos como categoría literaria y llegan a través del lenguaje simbólico del mito a la misma conclusión interpretativa teológica de quienes los leen literalmente. La diferencia entre quienes lo leen literalmente y quienes lo leen literariamente es que los primeros creen que los detalles narrativos acontecieron tal como se describen, y los segundos creen que los detalles narrativos tienen su significado en un plano simbólico más general. De una manera u otra, si los dos grupos llegan a la conclusión –por medio de la lectura del Génesis– de que el universo y nosotros mismos hemos sido creados por Dios, por cualquier método que sea, eso es lo que nos quiere comunicar la Biblia, y eso es lo importante. Ese es el propósito de la narración mítica, el comunicarnos un significado trascendente y universal. Si obtenemos ese significado por medio de una lectura literaria o literal, el mito ha conseguido su propósito. Lo triste es cuando hay personas que descartan las escrituras bíblicas porque tratan de leer literalmente los mitos la Biblia y no pueden creer los detalles narrativos de esa manera literal. Esas personas pudieran beneficiarse de entender los mitos bíblicos del Génesis y de otros pasajes como materia literaria, interpretando el simbolismo mítico en el plano literario. La Biblia es testimonio de nuestra fe, y en el Génesis se expresa nuestra fe de que somos criaturas de Dios. Ese es nuestro mito y nuestra creencia de nuestros orígenes. Somos libres lectores creyentes. Podemos tomar los detalles narrativos literalmente o literariamente, siempre que los tomemos con fe. Para tener ejemplos de una excelente lectura literaria detallada de los mitos que influyeron a la formación del Génesis y de porciones de otros libros de la Biblia, el lector debe referirse al Capítulo 4 del tomo de esta serie titulado *Cómo se formó la Biblia*.

Los sueños y las visiones de la Biblia comparten con los mitos el simbolismo literario que tiene que ser interpretado. Sin embargo, en contraste con los mitos, los sueños y las visiones son interpretados en el texto. En el libro de Daniel, por ejemplo, el mismo Daniel es quien interpreta los sueños del rey Nabucodonosor. En uno de los sueños los símbolos tienen que ver con diferentes metales, y en otro con un gran árbol que peligraba. En las interpretaciones de Daniel, los metales significaban diferentes reinos que vendrían después del de Nabucodonosor, y el gran árbol que estaba por derribarse significaba al rey mismo. En el Génesis, José también interpreta los sueños del faraón sobre lo que va a pasar en el futuro. Por sus interpretaciones, Daniel y José ganan el favor de sus respectivos monarcas, pero también desmuestran a los oyentes y a los lectores de esas narraciones bíblicas que Dios les había concedido el poder de ver su acción a través de los misterios de la historia. Los oyentes y los lectores de esos sueños e interpretaciones podían entonces ver la mano de Dios en tiempos históricos malos y buenos.

# Cartas

En el mundo del Nuevo Testamento no había sistemas postales como los de hoy en día, pero sí circulaban cartas. Estas eran enviadas con amigos que iban con rumbo a las destinaciones de las cartas. Tenemos en nuestras Sagradas Escrituras un número de cartas de Pablo y de otros destinadas a iglesias y a individuos. Aunque posiblemente la inmensa mayoría se perdieron, algunas cartas fueron conservadas (parcial o enteramente), pues el papiro en que se escribían podía durar mucho tiempo en condiciones óptimas. Como es el caso hoy en día, en el primer siglo también había expectativas convencionales para el estilo de las cartas. Pablo, escribiendo en el estilo helenista en griego, seguía el patrón estilístico de su tiempo, que es bastante similar al del nuestro: se identificaba quién escribía a quién, se añadía un saludo y el deseo por la salud del destinatario, y se cerraba con una fórmula de despedida. Pablo variaba algunas de las convenciones con un propósito evangelizador y teológico. Por ejemplo, en vez de la palabra «saludos», usaba «gracia a vosotros y paz, por parte de Dios nuestro Padre y del Señor Jesucristo». Así incluía «la gracia», que se enfatizaba en las comunidades cristianas tanto como «la paz/*shalom*» que era tan parte de la tradición judía. En el cuerpo de las cartas, Pablo, como sus contemporáneos, usaba un lenguaje bastante retórico y formal, pero a la vez comunicaba claramente su ardiente sentido de misión y de interés en las nuevas comunidades cristianas.

Las cartas de Pablo habían de ser leídas en voz alta en las iglesias a las que se destinaban. Debemos recordar que cuando leemos las cartas bíblicas solamente estamos oyendo la mitad de una discusión dialógica sobre algunos temas teológicos y eclesiológicos del momento. A éstos Pablo respondía y sobre ellos hacía aclaraciones y exhortaciones. Cuando leemos las cartas nos hemos de imaginar a qué preguntas, dudas y situaciones de sus nuevas iglesias Pablo estaba respondiendo. Esas situaciones, preguntas y dudas pueden ser algunas de las mismas que tenemos nosotros, y puede que algunas no sean relevantes en nuestro contexto. Por eso es extremadamente importante hacerles nuestras propias preguntas tanto a las cartas paulinas como a las no-paulinas. No tratemos de contestar a nuestras preguntas con respuestas que no iban destinadas a nuestras preguntas. La mayoría del material paulino era contextual, y no cabe duda de que mucho de ese material es aplicable a nuestro contexto. Nuestra teología cristiana se basa en muchos de los fundamentos paulinos. Pero hay que destacar que uno de los mayores valores de Pablo para nosotros es que nos demuestra la necesidad de contextualizar nuestra teología en las preguntas, dudas, ansiedades y situaciones del momento en que vivimos. Así lo hizo él en el momento en que vivió. Ahora nos toca a nosotros seguir el ejemplo paulino aplicando nuestra lectura bíblica a nuestro momento contextual.

## Capítulo 3
# La Biblia como testimonio histórico

¿Cómo nos acercamos al mundo histórico bíblico? ¿Cómo lo vemos? ¿Qué vemos en él? Nuestro primer impulso posiblemente sea tomar el mundo de las páginas bíblicas tal como se describe, considerándolo como documento histórico al estilo secular contemporáneo. Aun más, si llegáramos apenas a dudar de algunos detalles históricos narrativos, quizás nos asaltaría una sensación de culpabilidad por haber cometido algún tipo de herejía. Ahora bien, la Biblia recuenta la historia de la fe del pueblo de Israel y las comunidades cristianas del primer siglo después de Jesucristo. Cuando nos acercamos a la Biblia, nos acercamos al testimonio histórico de esa fe. El tipo de historia que encontramos en la Biblia es teológico. Los detalles tienen que ver con la fe del pueblo judío y cristiano. La historicidad secular y la historicidad teológica difieren en sus respectivos própositos. En este capítulo repasaremos el concepto de historicidad bíblica como se expresa en la fe judeo-cristiana.

Desde el principio, el Dios de Israel fue descrito en relación con el pueblo de Dios. En otras culturas, los atributos de los dioses se derivaban de las relaciones entre ellos mismos o con la naturaleza. La revelación del Dios de la Biblia se da centrada y contextualizada en lugares, eventos, personas y comunidades específicas. El Dios de la Biblia se revela por medio de su presencia activa con su pueblo, se encuentra activamente presente en la historia de su gente. En Deuteronomio, como en muchos otros lugares, se describe la presencia y fidelidad de Dios con su pueblo. En boca de Moisés: «Entonces dirás delante de Jehová, tu Dios: "Un arameo a punto de perecer fue mi padre, el cual descendió a Egipto y habitó allí con pocos hombres. Allí creció y llegó a ser una nación grande, fuerte y numerosa. Los egipcios nos maltrataron, nos afligieron y nos impusieron una dura servidumbre. Entonces clamamos a Jehová, el Dios de nuestros padres, y Jehová oyó nuestra voz y vio nuestra aflicción, nuestro trabajo y nuestra opresión. Jehová nos sacó de Egipto con mano fuerte, con brazo extendido, con grande espanto, con señales y milagros; nos trajo a este lugar y nos dio esta tierra, tierra que fluye leche y miel"» (Dt 26.5-9).

Como es obvio en el pasaje anterior, el Dios de Israel no es una idea abstracta, sino que está íntimamente involucrado con el sufrimiento de su pueblo y oye los ruegos de los oprimidos que necesitan de su presencia y compasión: «Dios oyó el gemido de ellos y se acordó de su pacto con Abraham, Isaac y Jacob. Y miró Dios a los hijos de Israel, y conoció su condición» (Ex 2.24-25).

El Dios del Nuevo Testamento se hace tan parte de nosotros que se encarna en Jesucristo… cuerpo y sangre con nosotros. Los eventos de la vida, muerte y resurrección de Jesús giran todos alrededor de nosotros, el pueblo de Dios. Jesús muere por nuestros pecados y para nuestra salvación.

La Biblia es ese testamento de la acción de Dios con nosotros. Por eso en tantas ocasiones se hace mención en ella de la liberación de Israel de su esclavitud bajo los egipcios. La fe del pueblo se basa en ese evento medular que, como anteriormente vimos, proviene de la fidelidad de Dios al pacto establecido con los patriarcas de Israel: Abraham, Isaac y Jacob.

Por lo tanto, la concepción histórica bíblica está fundamentada en la fe del pueblo israelita en la intervención divina en su vida. Ese es el tipo de historia que se pasa de generación en generación en la tradición. Es ese el tipo de historia que nos ha llegado en las páginas bíblicas. Y es esa la historia de Jesucristo. Dios irrumpe en nuestra historia para estar con nosotros. La Biblia no nos describe, como un libro de historia secular, meros eventos en el orden en que ocurrieron. No, la Biblia nos describe la presencia de Dios como fue interpretada por su pueblo durante el acontecer de su historia.

No es muy provechoso, al leer la Biblia, preguntarnos continuamente si todos los detalles de los eventos narrados acontecieron exactamente tal como se describen. Es bien posible que muchos no fueran precisamente como se cuentan. Lo que es importante preguntarnos continuamente es cómo el pueblo de Dios ha visto su presencia a través del acontecer histórico. Al fin y al cabo, nosotros leemos la Biblia para conocer al Dios de nuestra fe. El Dios de nuestra fe es el Dios de la fe de nuestros antepasados en la fe. Su fe está escrita en la Biblia. La revelación de su Dios y de nuestro Dios aconteció como se nos cuenta la Biblia. Ese Dios sigue revelándose a nosotros en las páginas bíblicas y en nuestra propia historia. ¿Cómo vemos a Dios revelado en nuestros días, en nuestros lugares, en nuestras comunidades, en nuestra familia? ¿Cómo lo vemos revelado en las páginas bíblicas? Sólo a través de nuestra fe es posible que Dios se nos revele. Sin fe, Dios se nos puede pasar desapercibido. A nuestros antepasados en la fe, Dios no les pasó desapercibido. Al contrario, ellos y ellas vieron a Dios, y su presencia y acción con ellos. De eso trata la Biblia.

Para estudiar la Biblia, entonces, nos es más útil tener una idea sobre cuándo se escribió el libro o pasaje bíblico que leemos que determinar si ciertos detalles históricos concuerdan con una realidad tan remota que sería de todos modos imposible de atestiguar con certeza. Es por eso que quienes estén interesados en cuestión histórica detallada deben acudir a comentarios bíblicos o Biblias de estudio con notas al pie de la página para seguir la historia del libro en sí. Recordemos siempre que las historias originales no fueron escritas, sino traspasadas oralmente de generación en generación. En un momento dado cada libro fue redactado bajo circunstancias específicas que muy posiblemente difieran de las circunstancias de cuando se originaron las historias orales. Es así que a menudo el significado de un libro o pasaje bíblico ha sido modificado a causa del propósito contextual por el que se escribió. En los evangelios sinópticos de Mateo, Marcos y Lucas se encuentran versiones modificadas de algunos eventos de la vida de Jesucristo. Estos tres evangelios se escribieron algunas décadas después de la crucifixión. Según estiman los eruditos, el libro de Marcos posiblemente se escribió al final de la década de los sesenta o al principio de los setenta d. C. O sea, pudo haber sido escrito antes o inmediatamente después de la destrucción del templo de Jerusalén en el año 70 d. C. Los evangelios de Mateo y de Lucas fueron escritos alrededor del 80 d. C. Cada evangelio se contextualizaba en la situación particular de comunidades específicas, y por lo tanto enfatizaba las preguntas y preocupaciones teológicas y sociales de cada una. No es entonces de extrañar que las narraciones de algunos eventos resultasen en diferentes versiones de ellos. Además, los tres evangelios reflejaban las historias orales sobre Jesucristo antes de ser redactadas y hasta quizás, según a algunos eruditos bíblicos, otra fuente escrita anterior. Lo mismo sucede en el Antiguo Testamento. En el Génesis, como ya ha sido mencionado anteriormente, hay dos versiones de la creación. De igual modo los libros de Crónicas recapitulan material que aparece en otros libros bíblicos, con las consiguientes variantes, dado el diferente contexto y condiciones políticas. Por ejemplo, el autor de 1 Crónicas modifica el material de sus fuentes para compaginarlo con su teología y momento histórico. Así 1 Crónicas atestigua que Dios mandó profetas para que los monarcas y la gente en general se arrepintieran de sus acciones infieles; pero como en Judá, el monarca y la gente no se arrepintieron, fueron llevados al exilio. Este es el caso del rey Manasés, por ejemplo. Según Crónicas, Manasés «se humilla» más tarde ante Dios arrepintiéndose y es entonces que puede retornar a Jerusalén (ver 1Cr 33.1-20 y 2 R 21.1-18).

Asimismo, el libro de Daniel fue muy probablemente escrito en el segundo siglo antes de Jesucrito, durante las persecuciones del año 167 a. C., pero el Daniel del libro supuestamente vivió antes de ese tiempo, en el sexto siglo. El autor de Daniel en realidad documenta la historia del segundo siglo, cuando está escribiendo, pero atribuye los eventos a una era anterior, no sólo para despistar a cualquier agente de la persecución que se estaba llevando a cabo, sino aún más importante, para asegurarles a sus lectores y oyentes que sus sufrimientos en tiempo de persecución eran parte del plan de Dios que terminaría positivamente para el pueblo.

En cada momento histórico los autores bíblicos ven a Dios en las angustias y necesidades; entonces, interpretan cómo Dios actúa con su pueblo en medio de las amenazas y persecuciones a manos de otros, así como en medio de nuestras propias rebeliones y el abandono de la voluntad divina. Es más que natural que el filtro de nuestra fe produzca diversidad de enfoque y énfasis en nuestro testimonio de cómo Dios se nos revela en cada lugar y a momento histórico.

Cuando acudimos a los comentarios bíblicos o Biblias de estudio, podemos tratar de explorar qué respuestas les han dado diferentes eruditos a nuestras preguntas sobre el trasfondo histórico del libro o pasaje bíblico que estamos estudiando. Muy a menudo leeremos diferentes respuestas ofrecidas por diferentes eruditos, o sencillamente nos encontraremos con teorías no probadas y discutidas en el pasado y en el presente en el ambiente académico. A pesar de toda la imprecisa discusión sobre el trasfondo histórico bíblico, podemos casi siempre detectar ideas generales de cuándo y por cuál comunidad fue redactado cada libro o cada parte de un libro bíblico. Así que es importante hacernos las preguntas históricas aunque no contemos con respuestas precisas. ¿Dónde se escribió el libro? ¿Cuáles son las posibles fechas de redacción? ¿Qué estaba pasando históricamente en el plano socio-político del pueblo de Israel o de las primeras comunidades cristianas en ese tiempo? ¿Cómo el pueblo de Dios vio a Dios con ellos en el lugar y el momento en que el evento aconteció o en que se escribió? ¿Qué les decía Dios a ellos entonces? Y, ¿qué nos dice Dios a nosotros ahora que leemos este testimonio de fe de nuestras pasadas comunidades judías y cristianas? O sea: ¿cuál es el papel de la historia de entonces y qué paralelos encontramos nosotros en nuestra historia para no sólo enterarnos de lo que Dios les decía a nuestros antepasados en su momento, sino ver qué nos dice Dios a nosotros en nuestro momento?

Desde ese punto de partida le podemos hacer preguntas al texto, tales como las siguientes: ¿Cuál es nuestro propósito –como seres humanos creados por Dios– en nuestro vivir en y con el resto de la creación divina? ¿Somos llamados ahora a ejercitar la responsabilidad ecológica con que el Creador comisionó a Adán y Eva, según el testimonio histórico de fe de nuestros antepasados? ¿Hemos de clamar a nuestro Dios por justicia social, económica y política, como los israelitas lo hicieron bajo el yugo egipcio? ¿Hemos de cooperar con la voluntad divina de justicia y ser agentes de justicia social en nuestro tiempo? ¿En qué se basa la integridad cristiana de nuestra comunidad de fe ahora? Leemos y releemos en la Biblia que las leyes del pueblo de Israel –tanto como las enseñanzas de Jesús– nos llaman a vivir en solidaridad con nuestros hermanos y hermanas que se encuentran en situaciones vulnerables y de pobreza. ¿Qué tipo de solidaridad demostramos ahora con los oprimidos en nuestras comunidades, nuestras naciones y nuestro mundo? Todas estas preguntas tienen que ver con la historia del momento bíblico y del momento en que vivimos. Son estas preguntas las que han de preocuparnos en nuestra lectura de la Biblia como testimonio histórico. Nuestros antepasados vivieron inmersos en su historia, y nosotros vivimos inmersos en la nuestra. El mensaje de Dios a nosotros, su inspiración y su llamado, se dan en esa historia. La historia en la Biblia no es meramente cuestión de detalles académicos. ¡Si alguien nos dijera que la Biblia no tiene una base histórica exacta, tendríamos tanto que mostrarle en las páginas bíblicas sobre la historia de Dios con nosotros! El Dios de la Biblia es Dios en la historia de nuestros antepasados y en la de nosotros.

De acuerdo a la Biblia, Dios ha estado con nosotros desde el momento de la creación, cuando ya nos hizo responsables del mundo que también fue creado por su voluntad divina (Gn 1-11). La historia del pueblo de Israel comienza en sí con las promesas de Dios a las familias que dieron origen al pueblo de Israel, es decir, las familias de Abraham y Sara, Isaac y Rebeca, y su hijo Jacob (re-denominado «Israel» por Yahvé), padre de las doce tribus de Israel (Gn 12-50). En Génesis 12.1-3 se encuentra la promesa de Dios a Abraham: «Vete de tu tierra, de tu parentela y de la casa de tu padre, a la tierra que te mostraré. Haré de ti una nación grande, te bendeciré, engrandeceré tu nombre y serás bendición. Bendeciré a los que te bendigan, y a los que te maldigan maldeciré; y serán benditas en ti todas las familias de la tierra».

En esta segunda parte del libro del Génesis, vemos a Dios hacerle la promesa no sólo a Abraham, sino también confirmársela a su hijo Isaac: «En aquel tiempo hubo hambre en la tierra —además de la primera que hubo en los días de Abraham, y se fue Isaac a Gerar, adonde estaba Abimelec, rey de los filisteos. Allí se le apareció Jehová y le dijo: 'No desciendas a Egipto; habita en la tierra que yo te diré. Habita como forastero en esta tierra. Yo estaré contigo y te bendeciré, porque a ti y a tu descendencia daré todas estas tierras y confirmaré el juramento que hice a Abraham, tu padre. Multiplicaré tu descendencia como las estrellas del cielo y daré a tu descendencia todas estas tierras, y todas las naciones de la tierra serán benditas en tu simiente, por cuanto oyó Abraham mi voz y guardó mi precepto, mis mandamientos, mis estatutos y mis leyes'» (Gn 26 1-5).

En esta segunda parte del Génesis vemos a Dios acompañando a José, uno de los hijos de Jacob, en su exilio en Egipto después de que sus propios hermanos lo vendieron a unos mercaderes porque le tenían envidia. A través de la voluntad de Dios, en tiempos difíciles José se encontró en posición de ayudar a sus hermanos y a sus clanes a sobrevivir en Egipto con él, asegurando así que la promesa de Dios de «hacer una nación grande» de esas familias se pudiera cumplir. Dios no sólo hizo la promesa, sino que la cumplió a pesar de los obstáculos de las envidias y crueldades humanas.

La historia de Dios con su pueblo continúa en Egipto en el libro del Éxodo. Ahí vemos que Dios actúa a través de Moisés para liberar al pueblo de la opresión en que había caído bajo los egipcios, después de la muerte de José. Como se dijo anteriormente, en este capítulo Dios «oyó» la voz del pueblo que clamaba afligido. Y Dios estuvo allí también con ellos y los sacó de la situación opresiva en que estaban. En Levítico Dios les dio reglas de cómo convivir. Es muy probable que la tradición de esta legislación no empezara hasta mucho más tarde, pero se presenta en Levítico como parte del entendimiento de la identidad formativa del pueblo de Israel como pueblo escogido por Dios a través de su pacto con ellos.

Y así, de la misma manera, siempre enfatizando cómo Dios estaba con ellos, continúa la historia bíblica de la fe de Israel: los conflictos con los habitantes de la tierra a la que llegaban, los orígenes de la monarquía davídica, el reino salomónico y el culto en el templo. Los profetas traían la palabra de Dios a su pueblo. En tiempos tumultuosos Dios continuaba guiando a su pueblo. En tiempos de crisis y exilio, Dios estaba también con el pueblo ofreciéndole esperanza en medio de su lamento. Cuando vuelve a reconstituirse la comunidad, Dios ahí está. Y después, viene Dios en Jesucristo a convivir con nosotros y a morir como un criminal en una cruz por nuestros pecados. Dios mismo, Hijo, se da a nosotros para siempre: «Y yo estoy con vosotros todos los días hasta el final del mundo» (Mt 28.20).

A grandes pinceladas, esa es nuestra historia, la historia de nuestra fe, de cómo Dios se nos ha revelado en la historia. Y la historia continúa cuando a través de nuestra fe Dios se nos revela cada día. ¡Qué historia tenemos nosotros para contar, para proclamar! ¡Qué privilegio el leer sobre nuestra historia en la Biblia! ¡Qué honor seguir siendo parte de esa historia!

## Capítulo 4

# La Biblia como llamado a la liberación

Cada pueblo o comunidad lee la Biblia en su contexto. Los israelitas de los tiempos bíblicos vieron a Dios actuando en su contexto histórico. Así traspasaron sus historias a la Biblia. Al leer ahora esas mismas historias nosotros también traemos nuestros contextos que hacen que las historias sean nuestras.

No es sólo el texto bíblico el que se lee en su contexto, sino también cualquier otro texto. Lo que sabemos del trasfondo de lo que leemos por nuestra experiencia pasada con el material, las circunstancias presentes con sus urgencias individuales y comunitarias, y la visión de un futuro que pueda recibir el impacto de la lectura del texto que estemos leyendo… todo esto llega a ser parte de nuestra comprensión y aplicación de la lectura. No hay dos personas que lean un mismo texto de la misma manera, aunque en el texto lean las mismas palabras. Esto acontece porque no hay dos personas que compartan exactamente un mismo contexto. Ni gemelos criados en la misma familia y que hayan vivido siempre juntos tienen las mismas experiencias emocionales. Sin embargo, lo que define a una comunidad es un contexto relativamente similar. Las variantes individuales se darán, no cabe duda, pero la experiencia relativamente común de un grupo hace possible una lectura e interpretación basada en la identificación mutua de la experiencia de los integrantes del grupo.

La comunicación de un mensaje de un autor a un lector está mediada por el texto. La comunicación mediada por el texto es diferente a la comunicación cara a cara entre dos personas. Aun así, hay veces en que la intención de lo que una persona dice a otra se toma diferentemente a lo que la primera persona quiso decir. A eso le llamamos «malentendidos», pero la diferencia entre la intención de lo que dice una persona a otra, y lo que la otra persona oye o interpreta, no tiene necesariamente que ser juzgada como mala, sino simplemente como diferente.

Es natural que oigamos con nuestros propios oídos, o dentro de nuestro propio contexto. Eso es todo lo que tenemos, un par de oídos y nuestro contexto. Es muy importante estar conscientes de que, especialmente en caso de la lectura de un texto, hay un contexto que es determinativo de nuestra interpretación. Esto es verdad para todo individuo y todo grupo.

Hay quienes niegan este hecho. Esos individuos dicen que hay una interpretación verdadera para cada texto y que todas las demás o están equivocadas, o son simplemente añadiduras a la interpretación verdadera. Lo que esas personas hacen, en la inmensa mayoría de las veces, es considerar que su lectura –como ellos o su grupo leen e interpretan un texto– es la interpretación definitiva y verdadera del texto. Esa es una lectura imperialista o «colonial», como se le llama ahora en círculos académicos. Las personas o eruditos que consideran que hay una sola interpretación de un texto –usualmente la suya– han tenido mucho poder para imponer su propia interpretación. Hoy día hay todavía muchísima tensión entre eruditos bíblicos para aceptar la multiplicidad de interpretaciones del texto bíblico a través de la nueva diversidad de lectores que reclama su propia y válida interpretación.

También hay muchas voces de comunidades –que hasta hace poco habían sido silenciadas– que reclaman su lectura del texto bíblico como válida y que abiertamente no rechazan una imposición imperialista (o «colonial») de interpretaciones que no tienen nada que ver con la realidad de su contexto. Un contexto conlleva en sí los valores y la visión del mundo de un grupo que ha sido formado y que vive las particularidades gozosas y dolorosas de una misma circunstancia geográfica, histórica y sociopolítica. Tomemos a continuación el contexto actual de nuestros pueblos latinoamericanos y del pueblo latino/hispano que vive y muere en los Estados Unidos.

La vida del pueblo latino y latinoamericano es muchas veces menos abundante de lo que la voluntad de Dios quiere que sea. Muchos son los motivos por los cuales nuestro diverso pueblo se encuentra en tantos momentos y en tantos lugares en situaciones de opresión y marginación. Aunque muchos latinos y latinoamericanos gozan de bienestar material adecuado, la mayoría de nuestro pueblo latino en los Estados Unidos y en Latinoamérica se encuentra sufriendo pobreza e injusticias a manos de intereses egoístas y explotadores. Los latinos en los Estados Unidos, aun los que gozan de bienestar material, son marginados cultural y socialmente en muchas ocasiones. No es este el lugar y el momento de probar con estadísticas la desigualdad en educación, cuidado médico y remuneración del trabajo de millones de latinos/hispanos en los Estados Unidos y de la población en América Latina. Como pueblo, como grupo, reconocemos este hecho que nos duele, que nos oprime, que no olvidamos porque muchos de nosotros lo vivimos día a día. Los lectores latinoamericanos y latinos/hispanos de los Estados Unidos nos reconocemos mutuamente, dado ese contexto en común de opresión y marginación. No importa que ciertos individuos de nuestro grupo hayan llegado a gozar de los privilegios comunes de las clases que nos oprimen. Las excepciones prueban las reglas. Si apuntamos a un nombre en particular o aun a una capa privilegiada de nuestro pueblo para desmentir la opresión de que la inmensa mayoría de nuestro pueblo sufre, sólo estamos siendo cómplices de los opresores, tratando de esconder la realidad de sufrimiento de las masas bajo la colcha confortable de una minoría. Aunque yo sea profesora educada, con seguro médico y salario adecuado para vivir, sé que la inmensa mayoría de los latinos en los Estados Unidos no tienen los recursos de educación y de cuidado médico que tengo yo, y que su duro trabajo de sol a sol no es remunerado de forma justa. Yo, aun como académica latina en el mundo académico norteamericano, soy de muchas maneras marginada y descontada dentro de ese mismo mundo por ser latina —y en eso comparto la marginación y la opresión de las masas de latinos y latinas del país donde vivo. En Latinoamérica, salvo de algunos casos aislados, los movimientos auténticamente renovadores que han reclamado concreta justicia para el pueblo han sido reprimidos, aplastados y eventualmente eliminados una y otra vez por los formidablemente poderosos intereses económicos nacionales y extranjeros en cada uno de nuestros países. Desafortunadamente, para muchos de nosotros, la única manera de sobrevivir a la injusticia con la que es victimizado nuestro pueblo es ignorarla, escapando diariamente de nuestras vidas individuales. La inmensa mayoría de nuestro pueblo no tiene el privilegio de escapar, como algunos de nosotros. Su vida diaria es un recordatorio de las constantes injusticias. En ese contexto, ¿cómo estudiamos la Biblia los latinos en los Estados Unidos y los latinoamericanos en nuestros países?

Si hemos de leer la Biblia como lo que somos, latinos/hispanos en los Estados Unidos y latinoamericanos en nuestros países, la hemos de leer desde una perspectiva de solidaridad como pueblo, y no como individuos desconectados del contexto que nos da vida como pueblo. Muchos de quienes tenemos la oportunidad de leer este libro ocupamos posiciones de liderazgo en círculos profesionales y somos llamados a ser líderes eclesiales o comunitarios. Si estamos leyendo este libro sobre cómo estudiar la Biblia como individuos, quizás estemos respondiendo a este llamado de Dios de ser líder de nuestro pueblo como pastora o pastor, como maestro de estudios bíblicos, o como otro tipo de líder de nuestras comunidades de fe. Otros de nosotros tal vez estemos leyendo este libro como individuos interesados en nuestras sagradas escrituras y en cómo leerlas con más claridad y entendimiento. En ambos casos, el hecho de que tengamos la oportunidad y la educación para leer un libro es ya una forma de privilegio derivado de una clase económica y social específica. Muy pocos de nuestros hermanos y hermanas que trabajan de sol a sol, que tienen un nivel de educación mínimo o que apenas tienen oportunidad y tiempo para leer nada –menos aun un libro entero– podrán estar leyéndolo y analizando la perspectiva de nuestra lectura bíblica. Los que tenemos el privilegio del ocio y hasta la oportunidad remunerada de sentarnos a leer, de pensar en cómo leer la Biblia –quizás en cómo guiar a los rebaños que nos han sido encomendados en su lectura de la palabra de Dios–, hemos de ser responsables ante los millones de nuestros hermanas y hermanos que no pueden hacerlo por razones sociopolíticas. O sea, los que leemos estas reflexiones sobre cómo leer y estudiar la Biblia debemos tomar en cuenta el contexto de la inmensa mayoría de nuestros hermanos y hermanas que viven en situaciones de opresión económica y social en los Estados Unidos y en Latinoamérica. Si hemos de leer la Biblia como pueblo, lo hemos de hacer en solidaridad. No hay duda de que la opresión y marginación pueden ser una realidad para quienes estamos leyendo este libro. Esa opresión y marginación pueden hermanarnos conscientemente con otros que, mientras nosotros leemos, están recogiendo lechuga o plátanos para compañías multinacionales que los explotan, o cosiendo cientos de pantalones por varios centavos cada uno en una maquiladora, o recogiendo los platos sucios en un restaurant en el que no tienen ni los derechos ni los beneficios laborales de los que los ensucian. Los que tenemos este privilegio de reflexionar sobre cómo estudiar la Biblia, y especialmente cómo estudiarla como llamado a la liberación, lo hemos de hacer en solidaridad con todo nuestro pueblo. Los teólogos de liberación latinoamericanos lo han hecho así. Otros muchos teólogos y eruditos bíblicos sólo han leído y escrito muchas reflexiones sobre Dios y su palabra desde su contexto privilegiado. Muchos sermones se han predicado sobre los pobres. Todos lo tenemos claro: hemos de tener compasión por el necesitado. Ese parece ser el mensaje ético cristiano. Si analizamos quién es el destinatario de tal mensaje vemos que al que se le destina ese mensaje es al que no es pobre. La Biblia ha sido interpretada y predicada al individuo con recursos a quien se le enseña que Dios desea que tenga compasión con el necesitado. Ahora bien, ¿cómo han de leer la Biblia el necesitado, el pobre, el oprimido, el marginado? O, ¿cómo la ha de leer un pueblo en el que la inmensa mayoría vive en condiciones de pobreza económica, política y social? Si la leemos como parte de ese pueblo, la leemos en solidaridad y espíritu de hermandad. Mi opresión académica y eclesial, como latina, se hermana con la opresión económica de mis hermanos y hermanas encorvados en los campos sin recibir la remuneración adecuada a su arduo trabajo, por poner un solo ejemplo.

Es así, entonces, que como latinos/hispanos en los Estados Unidos o como latinoamericanos en nuestros países nuestro pueblo oye claramente a su Dios en las páginas bíblicas. «Yo soy Jehová, tu Dios, que te saqué de la tierra de Egipto, de casa de servidumbre» (Ex 20.2). Así se describe Dios en Éxodo, y así es nuestro Dios: Dios de liberación. En la Biblia, el libro de libros sobre ese Dios con nosotros, encontramos el claro y vital llamado a estudiarla como la voluntad divina de liberación para su pueblo.

Jesús dice: «El ladrón no viene sino para hurtar, matar y destruir; yo he venido para que tengan vida, y para que la tengan en abundancia» (Jn 10.10). La voluntad divina es que nuestra vida sea abundante. Cuando no lo es, cuando nuestra vida es menos de lo que Dios quiere que sea –por causas de opresión y marginación a manos de intereses egoístas–, la Biblia nos recuerda que Dios es un Dios de liberación. Por medio de la lectura bíblica, Dios nos da el valor para imaginarnos liberados de las fuerzas que nos oprimen y para reclamar una vida digna, lo que Dios quiere para nosotros.

En el capítulo anterior hemos observado que el concepto de historicidad bíblica está fundamentado en la relación de Dios con su pueblo en cada una de sus circunstancias históricas: físicas, económicas, sociales y políticas. Según el testimonio de fe en la Biblia, Dios irrumpió en la historia de su pueblo e intervino en los aspectos sociopolíticos y económicos. Dios acompañó a su pueblo a una tierra «de leche y miel», donde podían vivir sin ser oprimidos. Asimismo, nosotros hoy mismo, continuamos en esa misma relación histórica de Dios con su pueblo. El pueblo que es oprimido puede leer en las páginas bíblicas que Dios no ignora su opresión. Al contrario, a través de la palabra divina se nos comunica que la opresión no es la voluntad de Dios para nosotros ni para nadie. Así, las páginas bíblicas nos hacen agentes de liberación.

Moisés había sido adoptado en la familia del faraón egipcio y por lo tanto gozaba de una vida privilegiada. Él no era personalmente oprimido social, política ni económicamente. Él estaba viviendo su vida –tratando de olvidar y que otros olvidaran que en un momento de crisis de identidad había defendido a sus compatriotas israelitas– y Dios lo llamó a ser agente de la liberación de su pueblo, el cual estaba oprimido a manos de los egipcios. El testimonio de fe bíblico atestigua que Dios irrumpió en la historia y acompañó a su pueblo en su proceso de liberación de la opresión egipcias a través de formidables obstáculos de poder militar y a través de áridos años de infidelidad y opresión internalizada. La Biblia nos cuenta cómo Dios caminó con Israel hasta la tierra prometida y su liberación. En la narración bíblica, este evento es quizás el más formativo para la identidad y la fe del pueblo israelita. Por ejemplo, la cita del Éxodo (20.2) que ya hemos visto y que se refiere a ese preciso evento crucial, «Yo soy Jehová, tu Dios, que te saqué de la tierra de Egipto, de casa de servidumbre», introduce la lista de los diez mandamientos que Moisés le trae al pueblo desde el Monte Sinaí. Dios le manda a su pueblo ser fiel a su Dios y convivir unos con otros. Su pueblo reconoce su autoridad como su Dios recordando el evento histórico de su liberación de la opresión política, económica y militar egipcia. En ese evento el pueblo israelita reconoce a su Dios, y a base de esa autoridad acata sus mandamientos.

Los salmos se refieren una y otra vez a la confianza del pueblo en la justicia divina hacia el pobre y el oprimido. «Yo sé que Jehová tomará a su cargo la causa del afligido y el derecho de los necesitados» (Sal 140. 12).

En el salmo 72, oración a Dios a favor de los reyes cuando eran entronizados, se describe al rey ideal: «Él juzgará a tu pueblo con justicia y a tus afligidos con rectitud. Los montes llevarán paz al pueblo, y los collados justicia. Juzgará a los afligidos del pueblo, salvará a los hijos del menesteroso y aplastará al opresor» (Sal 72. 1-4). El rey justo, bendecido por Dios, había de liberar a los que sufrían de opresión, «aplastando al opresor». O sea, el rey justo debía de ser agente de liberación.

El pueblo de Dios sabía que podía esperar que su Dios se acordara de la justicia y liberación que ellos necesitaban. Así, con esa fe en la voluntad divina para su vida abundante, se le reclama a Dios en este ruego: «¡Despierta! ¿Por qué duermes, Señor? ¡Despierta! No te alejes para siempre. ¿Por qué escondes tu rostro, y te olvidas de nuestra aflicción y de la opresión nuestra? Porque nuestra alma está agobiada hasta el polvo y nuestro cuerpo está postrado hasta la tierra, ¡levántate para ayudarnos y redímenos por causa de tu misericordia!» (Sal 44. 23-26).

Los profetas bíblicos constantemente les recuerdan al pueblo y a la jerarquía sobre la voluntad de Dios, para que la justicia reinara en su pueblo. Los profetas fueron agentes de liberación trayendo la palabra divina. Refiriéndose a Jerusalén –cuando los poderosos se habían acomodado a sus privilegios y se habían olvidado de los miembros más vulnerables del pueblo, los huérfanos y las viudas–, Isaías proféticamente llama al arrepentintimirento: «Tus gobernantes son rebeldes y cómplices de ladrones. Todos aman el soborno y van tras las recompensas; no hacen justicia al huérfano ni llega a ellos la causa de la viuda. Por tanto, dice el Señor Jehová de los ejércitos, el fuerte de Israel: "¡Basta ya! ¡Tomaré satisfacción de mis enemigos, me vengaré de mis adversarios! Volveré mi mano contra ti, limpiaré hasta con lejía tus escorias y quitaré toda tu impureza. Haré que tus jueces sean como al principio, y tus consejeros como eran antes; entonces te llamarán 'Ciudad de justicia', 'Ciudad fiel'. Sión será rescatada con el derecho y los convertidos de ella con la justicia"» (Is 1. 23-27).

El libro del profeta Isaías dice que Dios no quiere más cultos vacíos de justicia, no quiere más sacrificios de carneros o celebraciones en días festivos religiosos sino el bien, el derecho y la justicia. «¿Para qué me sirve, dice Jehová, la multitud de vuestros sacrificios? Hastiado estoy de holocaustos de carneros y de grasa de animales gordos; no quiero sangre de bueyes, ni de ovejas, ni de machos cabríos. ¿Quién pide esto de vuestras manos, cuando venís a presentaros delante de mí para pisotear mis atrios? No me traigáis más vana ofrenda; el incienso me es abominación. Luna nueva, sábado y el convocar asambleas, no lo puedo sufrir. ¡Son iniquidad vuestras fiestas solemnes! Mi alma aborrece vuestras lunas nuevas y vuestras fiestas solemnes; me son gravosas y cansado estoy de soportarlas. Cuando extendáis vuestras manos, yo esconderé de vosotros mis ojos; asimismo cuando multipliquéis la oración, yo no oiré; llenas están de sangre vuestras manos. Lavaos y limpiaos, quitad la iniquidad de vuestras obras de delante de mis ojos, dejad de hacer lo malo, aprended a hacer el bien, buscad el derecho, socorred al agraviado, haced justicia al huérfano, amparad a la viuda» (Is 1. 11-17). Asimismo, el profeta Amos dice en un pasaje bien conocido: «Aborrecí, desprecié vuestras solemnidades y no me complaceré en vuestras asambleas. Y si me ofrecéis vuestros holocaustos y vuestras ofrendas, no los recibiré, ni miraré las ofrendas de paz de vuestros animales engordados. Quita de mí la multitud de tus cantares, pues no escucharé las salmodias de tus instrumentos. Pero corra el juicio como las aguas y la justicia como arroyo impetuoso» (Am 5. 21-24). El Dios de liberación nos llama a ser gente de justicia. Si estamos en posición de ofrecerla, de no negárnosla los unos a los otros, está claro en estos pasajes proféticos que Dios nos hace responsables de que así sea. Si se nos niega justicia, Dios nos recuerda que su voluntad es que la justicia «corra como arroyo impetuoso». Seguros de esa voluntad divina para su pueblo, la gente oprimida cobra poder reclamando su liberación apoyada en la palabra bíblica de justicia.

Si mi lectura ha sido formada por corrientes ajenas al contexto de mi pueblo, o por una iglesia colonizadora, o por movimientos reaccionarios contra las lecturas liberacionistas, ¿cómo esos contextos han influido en mi lectura hasta este momento? ¿Leo la Biblia como el libro de un Dios que me espera después de la muerte meramente, o de un Dios que camina con mi pueblo en su desolación en esta vida? ¿Leo la Biblia como el libro de un Dios que está sólo preocupado por mis acciones y mis costumbres privadas, o de un Dios que se preocupa por la dignidad de la vida de su pueblo entero? ¿Leo la Biblia como el libro de un Dios que se enfoca meramente en las reglas convencionales de nuestro comportamiento individual, o de un Dios que expresa su deseo de que nuestra vida sea abundante? ¿Leo la Biblia como el libro de un Dios que le habla sólo al poderoso para que se arrepienta de su egoísmo y codicia, o de un Dios que le habla también al pueblo victimizado por ese egoísmo y codicia, y al que le da poder para su liberación? El primer paso para leer la Biblia como llamado a la liberación es analizar cómo nuestra propia lectura hasta este momento ha reflejado contextos ajenos a nuestra realidad y a la realidad de nuestro pueblo. El Dios bíblico camina con su pueblo. No es estático. El Dios que camina con nosotros nos acompaña en el cuestionamiento de tradiciones pasadas que puede que no sirvan a nuestras realidades presentes. El primer paso para leer le Biblia como llamado a la liberación es liberarnos nosotros mismos de preconceptos interpretativos o hermenéuticos que no responden a nuestro contexto y que hemos heredado inconscientemente de otros.

La justicia sobre la cual Isaías profetiza es la justicia que nuestro pueblo ha de reclamar como su derecho como criaturas del Dios de liberación. Las consecuencias del exilio babilónico en la dispersión de la comunidad israelita, las sentimos también nosotros en todas nuestras circunstancias de los diferentes exilios, económicos y políticos, por los que nosotros o nuestros antepasados hemos pasado. Las fuerzas represivas que clavaron a Jesús en la cruz están todavía crucificando la carne y el espíritu de nuestro pueblo en muchísimos lugares de Latinoamérica y barrios latinos/hispanos en los Estados Unidos. En nuestro mestizaje se refleja el de los primeros cristianos como gentiles convertidos a una nueva religión de trasfondo hebreo. Nuestra búsqueda de identidad en territorios sociales y culturales híbridos tiene paralelo con la misión del apóstol Pablo que rompió definitivamente con los moldes étnicos cerrados de su propia tradición. El poder que los discípulos recibieron en Pentecostés para llevarles a todas las naciones las Buenas Nuevas, nos permite también a nosotros reclamar las Buenas Nuevas de la voluntad divina para una vida abundante para nuestro pueblo. Y la liberación de Israel de manos de los egipcios apunta a la esperanza del pueblo latinoamericano y latino/hispano en los Estados Unidos de traspasar las barreras de opresión y marginación, y llegar a la promesa de vida abundante de leche y miel —como se les describe la tierra prometida a los israelitas.

Los profetas les hablan sobre justicia a nuestros opresores, a nosotros mismos cuando somos opresores, y a nosotros como pueblos oprimidos. Con los textos proféticos en las manos reclamamos con autoridad la justicia y el derecho. Apuntando a la cruz de Jesús recordamos con otros que el perdón de los pecados por el que Jesús se sacrificó es necesario todavía. En la gloriosa resurrección de nuestro salvador encontramos la fuerza para nuestra lucha para perseverar frente a la apatía, el desinterés y el desdén de quienes nos ignoran como individuos y como pueblo. Desde los márgenes de los poderes económicos y políticos globales, replicamos la fuerza renovadora de los movimientos bíblicos que mantuvieron al pueblo de Dios en el Antiguo y en el Nuevo Testamento caminando fielmente con nueva energía y nueva visión de justicia profética y de inclusividad.

## Capítulo 5
# La Biblia como espejo de Dios

En la Biblia encontramos a Dios. En ella percibimos la inmensidad de la divinidad. Así podemos decir, haciendo uso de lenguaje metafórico, que la Biblia sirve como espejo de la faz de nuestro Dios. ¿Qué y a quién vemos en el espejo bíblico? ¿Qué Dios vemos en las páginas bíblicas?

Como toda reflexión en espejo, lo que vemos tiene algo que ver con la persona que mira, cuándo y de dónde mira. Por ejemplo, hay días en que con más optimismo nos vemos más atractivos en el espejo por la mañana, pero hay otros —esos días en que nos levantamos un poquito cansados o deprimidos—, en los que al mirarnos en el espejo no vemos más que defectos. O lo que yo veo en el espejo desde el ángulo de mi estatura de persona adulta es diferente de lo que ve mi nietecita de tres años parada al lado mío mirando su reflexión y la mía en el mismo espejo. Ella y yo miramos desde diferentes ángulos físicos, de experiencia y frescura vivencial. En el espejo de la Biblia también funciona esa relatividad de perspectivas. En los capítulos anteriores hemos hecho mención de la relatividad socio-política de las interpretaciones de pasajes bíblicos. Hemos enfatizado la visión de Dios como un Dios de liberación para los oprimidos, por ejemplo, pues los pueblos latinoamericanos y el pueblo latino/hispano en los Estados Unidos, se encuentran muchas veces en una realidad de opresión y marginación.

En este capítulo repasaremos algunas de las principales imágenes de la divinidad que los redactores de la Biblia percibieron. Aquí también reflexionaremos sobre cómo los latinos/hispanos y los latinoamericanos vemos tales imágenes desde nuestros propios ángulos frente al espejo bíblico.

La Biblia nos dice en Números que Dios le enseñó a Moisés cómo bendecir a los hijos de Israel en su nombre y le mandó que dijera a Aarón y a sus hijos que usaran la siguiente bendición:

«Jehová te bendiga y te guarde.
Jehová haga resplandecer su rostro sobre ti
y tenga de ti misericordia;
Jehová alce sobre ti su rostro
Y ponga en ti paz» (Nm 6. 24).

Dios le da paz al pueblo de Israel y le bendice al alzar su rostro. Israel visualiza el rostro de Dios de diferentes maneras, muchas veces a causa de las diferentes circunstancias históricas en que se encuentra al momento de la redacción del texto bíblico. El pueblo israelita tiene un concepto de respeto tan alto hacia la divinidad que ni siquiera quiere pronunciar el nombre de Dios al leer sus escrituras sagradas. Algunos cristianos pronunciamos el nombre «Jehová» cuando leemos el texto bíblico, pero los israelitas no lo pronunciaban cuando lo leían. Cuando escribían el nombre, escribían – y escriben hoy– sólo las consonantes. Sin las vocales, claro, no hay manera de pronunciar el nombre. Al leer sus escrituras, los israelitas de los tiempos bíblicos y los judíos de hoy en día sustituyen el nombre propio de Dios, «Jehová», por «el Señor». Muchos cristianos usamos aún ese mismo término para referirnos a Dios y no muchas denominaciones cristianas se refieren usualmente a Dios como «Jehová». En español el uso de «el Señor» y en inglés de «*Lord*» proviene de esa costumbre del pueblo israelita, desde los tiempos bíblicos.

Los israelitas no pronunciaban el nombre propio de Dios, pero sí articulaban sus visualizaciones de la divinidad. Así, nos han quedado reflejadas en el espejo de la Biblia muchas imágenes de la faz de Dios, para que podamos visualizar a Dios con ellos desde nuestro propio ángulo contemporáneo y socio-político. Veamos a continuación algunas de ellas.

## Dios como artesano y creador

En el libro del Génesis se nos narra que «en el principio creó Dios los cielos y la tierra» (1. 1). Todo cuanto existe lo creó Dios y le pareció «bueno». El Génesis no sólo nos narra la creación mítica de la naturaleza y del orden natural por manos de Dios, sino que también atestigua la fe bíblica de los orígenes de la especie humana y del pueblo de Israel. Dios como creador no sólo es entonces artesano del universo, de la esfera celestial y de la tierra, sino que como cualquier artesano humano trabaja con el barro, polvo común mojado, para formar a los seres humanos. El barro y el espíritu que Dios sopla en el ser humano le da vida a la humanidad. Así, leemos que «entonces Jehová Dios formó al hombre del polvo de la tierra, sopló en su nariz aliento de vida y fue el hombre un ser viviente» (Gn 2.7). De la misma manera, el espíritu de Dios continúa alentándonos (infundiéndonos con su soplo o aliento) en el barro común de las circunstancias de nuestros días. Dios como creador no cesa de crear en el Génesis, sino que camina con su pueblo y con nosotros, día a día, formándonos y reformándonos.

Ya en el Génesis, Dios escoge a una familia, la de Abraham y Sara, para establecer un nuevo pacto con ellos, para de ellos crear un pueblo que sea «bendición de todas las naciones de la tierra». Sus criaturas humanas, ejemplificadas por Adán y Eva, Caín y Abel, habían desobedecido su voluntad y habían caído en pecado al incumplir la responsabilidad que Dios les había conferido sobre su creación. Sin duda, Dios no terminó de crear en el sexto día. Dios descansó en el séptimo día para continuar creando nuestro futuro y así continúa haciéndolo hasta nuestros días. Cada vez que somos menos que responsables con su creación –ya sea su creación humana o natural, ya sea si nos dañamos unos a otros o despiadadamente ignoramos los sufrimientos de nuestros semejantes, o si dañamos o ignoramos los daños que le causamos a la naturaleza que Dios creó–, Dios sigue recreándonos con su palabra.

La Biblia nos presenta a un Dios creador y recreador, artesano de nuestros orígenes en el pasado, de nuestro presente y ciertamente de nuestro futuro. Dios nos crea y su palabra bíblica sigue creándonos cada día. No vale sólo pensar que Dios nos creó. Si así fuera, ¿ahora qué? Dios no creó a la humanidad y se fue a descansar para siempre. En el Antiguo Testamento vemos cómo Dios siguió al pueblo que creó para que fuera bendición para otros. Siguió con ellos mientras daban tumbos en el vacío infiel. Siguió con su pueblo hasta darnos un salvador en carne y hueso que provino de ese mismo pueblo, pues por nosotros mismos no podíamos salvarnos de nuestra infidelidad y pecado. Ese pueblo con el que Dios continuó desde la creación somos nosotros. Nosotros somos su creación para ser bendición. Como criaturas, nos alimentamos de la palabra divina en nuestras escrituras, y en nuestra lectura y reflexión de ellas en comunidad. ¿Cuáles son las circunstancias en que la palabra nos ha de seguir creando? ¿Cuáles son las circunstancias de nuestro pueblo hispano/latino en este hemisferio, en que nuestra propia humanidad –creada por Dios– ha de responder a la responsabilidad que el mismo Dios que nos creó nos ha dado a los seres humanos hacia todo, todos y todas en su creación?

Leer la Biblia que nos habla de un Dios creador es más que acumular detalles de una creación mítica original y discutirla con los que no creen exactamente que Dios tuvo que ver con nuestros orígenes físicos. No. Leer la Biblia que nos habla de un Dios creador es tomar la creación de Dios como eso: creación de Dios. Por ser creación divina, entonces, la respetamos como tal. La calidad sagrada de cada ser humano y de cada aspecto de la naturaleza, que nos abraza con todo lo que necesitamos para sostener nuestra vida, es lo que como lectores creyentes hemos de tener presente al vivir la palabra que leemos. En las páginas bíblicas vemos reflejado como en un espejo al Dios creador, artesano de nuestro pasado, presente y futuro.

El bellísimo Salmo 104 expresa poéticamente cómo Dios no sólo creó la naturaleza, sino cómo su espíritu hace que la vida creada continúe en todos sus detalles para la naturaleza y para nosotros los humanos:

«El fundó la tierra sobre sus cimientos,
no será jamás removida.
Con el abismo, como con vestido, la cubriste;
sobre los montes estaban las aguas.
A tu represión huyeron;
al sonido de tu trueno se apresuraron;
subieron los montes, descendieron los valles
al lugar que tú fijaste.
Les pusiste un límite, el cual no traspasarán,
ni volverán a cubrir la tierra.

Tú eres el que viertes los manantiales en los arroyos;
 van entre los montes,
dan de beber a todas las bestias del campo,
mitigan su sed los asnos monteses.
En sus orillas habitan las aves del cielo;
¡cantad entre las ramas!
Él riega los montes desde sus aposentos;
del fruto de sus obras se sacia la tierra.
Él hace brotar el heno para las bestias
y la hierba para el servicio del hombre,
para sacar el pan de la tierra,
el vino que alegra el corazón del hombre,
el aceite que hace brillar el rostro
y el pan que sustenta la vida del hombre.
Se llenan de savia los árboles de Jehová,
los cedros del Líbano que él plantó.
Allí anidan las aves;
en las hayas hace su casa la cigüeña.
Los montes altos son para las cabras monteses;
las peñas, para madrigueras de los conejos.
Hizo la luna para los tiempos, el sol conoce su ocaso.
Pones las tinieblas, y es de noche;
en ella corretean todas las bestias de la selva.
Los leoncillos rugen tras la presa
y reclaman de Dios su comida.
Sale el sol, se recogen
y se echan en sus cuevas.
Sale el hombre a su labor
y a su labranza hasta la tarde.

¡Cuán innumerables son tus obras, Jehová!
Hiciste todas ellas con sabiduría;
¡la tierra está llena de tus beneficios!
He allí el grande y ancho mar,
en donde se mueven seres innumerables,
seres pequeños y grandes.
Allí lo surcan las naves;
allí este Leviatán que hiciste para que jugara en él.

Todos ellos esperan en ti,
para que les des la comida a su tiempo.
Tú les das y ellos recogen;
abres tu mano y se sacian de bien.
Escondes tu rostro, se turban;
les quitas el hálito, dejan de ser
y vuelven al polvo.
Envías tu espíritu, son creados
y renuevas la faz de la tierra.

¡Sea la gloria de Jehová para siempre!
¡Alégrese Jehová en sus obras!» (Sal 104. 5-31).

Así mismo hizo Dios con los hijos de Israel. Así hace Dios con nosotros cada día a través de su hijo Jesucristo nuestro salvador. La gracia, el perdón, la resurrección diaria de nuestras vidas mediada por el Hijo nos da poder para vivir como criaturas de Dios, como su creación en todos los aspectos de nuestra vida.

El profeta Jeremías describe a Dios como el artesano del pueblo de Israel que hasta rompe su creación cuando se desvía del designio divino, para volver a moldearla: «Palabra de Jehová que vino a Jeremías, diciendo: "Levántate y desciende a casa del alfarero, y allí te haré oír mis palabras". Descendí a casa del alfarero, y hallé que él estaba trabajando en el torno. La vasija de barro que él hacía se echó a perder en sus manos, pero él volvió a hacer otra vasija, según le pareció mejor hacerla. Entonces vino a mí palabra de Jehová, diciendo: "¿No podré yo hacer con vosotros como este alfarero, casa de Israel?, dice Jehová. Como el barro en manos del alfarero, así sois vosotros en mis manos, casa de Israel"» (Jer 18. 1-6).

Israel había caído en idolatría al seguir los dioses de otros pueblos que le rodeaban. Israel se había apartado del pacto de la ley con su Dios y hasta estaban sacrificando a sus propios hijos, quemándolos sobre los altares dedicados a esos dioses que no eran suyos. Los profetas le reclaman a Israel su lealtad, fidelidad y obediencia a su Dios creador. Jeremías continúa usando la imagen del alfarero con su vasija cuando le habla a la jerarquía:

«Así dijo Jehová: "Ve a comprar al alfarero una vasija de barro, y lleva contigo a algunos de los ancianes del pueblo y de los ancianos de entre los sacerdotes. Sal luego al valle del hijo de Hinom, que está a la entrada de la puerta oriental, y proclama allí las palabras que yo diré. Dirás: 'Oíd palabra de Jehová, reyes de Judá y habitantes de Jerusalén. Esto dice Jehová de los ejércitos, el Dios de Israel: Yo traigo sobre este lugar un mal tan grande que a todo el que lo oiga le zumbarán los oídos, porque me abandonaron y enajenaron este lugar ofreciendo en él incienso a dioses extraños, que ni ellos habían conocido, ni sus padres, ni los reyes de Judá; y llenaron este lugar de sangre de inocentes. Edificaron lugares altos a Baal, para quemar en el fuego a sus hijos en holocaustos al mismo Baal; cosa que no les mandé ni dije ni me vino al pensamiento. Por tanto, he aquí vienen días, dice Jehová, que este lugar no se llamará más Tofet ni valle del hijo de Hinom, sino valle de la Matanza. Y desvaneceré el consejo de Judá y de Jerusalén en este lugar. Los haré caer a espada delante de sus enemigos y en las manos de los que buscan sus vidas. Daré sus cuerpos para comida a las aves del cielo y a las bestias de la tierra. Pondré a esta ciudad por espanto y burla; todo aquel que pase por ella se asombrará y se burlará de su destrucción. Les haré comer la carne de sus hijos y la carne de sus hijas. Cada uno comerá la carne de su amigo, en el asedio y el apuro con que los angustiarán sus enemigos y los que buscan sus vidas'.

"Entonces quebrarás la vasija ante los ojos de los hombres que van contigo, y les dirás: 'Así ha dicho Jehová de los ejércitos: De esta forma quebrantaré a este pueblo y a esta ciudad, como quien quiebra una vasija de barro, que no se puede restaurar más; y en Tofet serán enterrados, porque no habrá otro lugar para enterrar. Así haré a este lugar, dice Jehová, y a sus habitantes; dejaré esta ciudad como a Tofet. Las casas de Jerusalén y las casas de los reyes de Judá serán como el lugar de Tofet, inmundas, por todas las casas sobre cuyos tejados ofrecieron incienso a todo el ejército del cielo, y vertieron libaciones a dioses ajenos'» (Jer 19. 1-15).

En gran parte la historia del Antiguo Testamento esta misma historia se repite de muchas maneras en diferentes momentos históricos del pueblo de Israel. Israel se desvía una y otra vez de los designios que Dios tenía para ellos a través de su pacto con el pueblo que había creado desde Abraham y Sara y que había liberado a través del liderazgo de Moisés. Múltiples veces leemos las narraciones de lo que nos pueden parecer crueles retribuciones de Dios hacia su pueblo, pero los redactores bíblicos no tenían pelos en la lengua, como se dice coloquialmente. Su fe en el Dios creador de toda la naturaleza y del pueblo de Israel como pueblo escogido por Dios para ser el cántaro de las bendiciones divinas a todas las naciones, les hacía ver que cada vez que el pueblo olvidaba a ese Dios que les había dado vida, Dios destruía su creación para volver a formarla de nuevo. Este es un hilo narrativo que, aunque es doloroso de leer y aunque a veces nos deja perplejos ante la crueldad narrada, corre y unifica la historia del pueblo de Israel y su testimonio de fe en el Antiguo Testamento.

Así también se le inflige la crueldad de la crucifixión al propio hijo de Dios. Nuestras desviaciones de la voluntad creadora de Dios, nuestro pecado, es redimido de una vez por todas entonces con la sangre y el sufrimiento de Jesús en la cruz.

¿Cuál es entonces, según la Biblia, la responsabilidad de las criaturas de Dios hacia su creador? Mirar en el espejo bíblico la faz del Dios creador implica que en ese mismo espejo se reflejan sus criaturas. Nosotros, como seres humanos creados por Dios, estamos en eterna relación con nuestro creador. Al leer el testimonio de nuestros antepasados en la fe somos llamados a prestar atención a cómo esa relación se describe. Dios nos ha dado la responsabilidad de velar por su creación. Ya en el Génesis, después de que Dios creara a los seres humanos, «varón y hembra los creó» (Gn 1. 27), Dios les bendijo y les dio «potestad» sobre la tierra, el mar y todo lo que se mueve sobre la tierra. El Salmo 8 también se refiere a esa responsabilidad que Dios les ha dado a los seres humanos hacia sus obras:

«Cuando veo tus cielos, obra de tus dedos,
la luna y las estrellas que tú formaste,
digo: "¿Qué es el hombre para que tengas de él memoria,
y el hijo del hombre para que lo visites?"

Lo has hecho poco menor que los ángeles
y lo coronaste de gloria y de honra.
Lo hiciste señorear sobre las obras de tus manos;
todo lo pusiste debajo de sus pies:
ovejas y bueyes, todo ello,
y asimismo las bestias del campo,

las aves del cielo y los peces del mar;
¡todo cuanto pasa por los senderos del mar!» (Sal 8.3-8).

La creación de Dios es para todos. En el Génesis se declara claramente:
«de todo esto podréis comer» (Gn 1. 29). Nuestra responsabilidad tiene
que ver con el mantenimiento justo y adecuado de la naturaleza como
creación divina y también con el designio divino que esa naturaleza sirva
de sostén a los seres humanos. Cuando abusamos del orden natural o
lo tomamos por cosa dada desvalorizada, o cuando nos negamos unos
a otros, por medio de explotaciones o injusticias económico-sociales, el
fruto con que abundantemente Dios nos provee, estamos ignorando y
corrompiendo la responsabilidad que Dios nos confiere.

No en balde necesitamos a nuestro redentor y salvador, Jesucristo,
pues son tantas las veces que no nos acordamos de esa responsabilidad,
y tantas las veces que simplemente nos es más cómodo ignorarla. Y así,
a través de la gracia de Dios —derramada abundantemente desde la cruz
de su Hijo—, sigue Dios con nosotros, sus criaturas, dándonos poder a
través de su palabra, con la misma fortaleza que siempre ha tenido para
con su pueblo Israel. El pueblo de Israel y nosotros, los latinoamericanos
y latinos/hispanos en los Estados Unidos que nos describimos con fe
como creación divina, tenemos la responsabilidad de ser «luz» para el
mundo y reclamar que la luz divina se refleje en nuestra dignidad y la de
otros como creación de Dios. Si tratamos a otros como menos dignos de
ser criaturas de Dios, o si nosotros mismos somos desvalorizados como
creación divina, tenemos la responsabilidad de iluminar al mundo con
nuestro propio testimonio de fe en la voluntad de Dios, y con acción
mediadora y liberadora contra cualquier causa que trate de obscurecer
la luz de nuestra creación. Para eso, nuestra fuerza está en el mismo Dios
que nos da la responsabilidad de hacerlo:

«Ahora pues, Jehová,
el que me formó desde el vientre
para ser su siervo,
para hacer volver a él a Jacob
y para congregarle a Israel
(porque estimado seré
en los ojos de Jehová
y el Dios mío será mi fuerza),

él dice: "Poco es para mí que sólo seas mi siervo
para levantar las tribus de Jacob
y restaurar el resto de Israel;
también te he dado por luz de las naciones,
para que seas mi salvación
hasta lo último de la tierra» (Is 49. 5-6).

En el espejo bíblico vemos la faz del Dios creador, y esa imagen se
refleja a su vez en nosotros. ¡Que seamos dignos de tal reflejo!

## Dios como rey y juez

En la Biblia, vemos a Dios como rey, o sea, en figura de gobernante de su
pueblo. Que Dios sea rey se deriva de que ha sido creador del universo.
«Pero Dios es mi rey desde tiempo antiguo;
el que obra salvación en medio de la tierra.
Dividiste el mar con tu poder;
quebraste cabezas de monstruos en las aguas.
Aplastaste las cabezas del Leviatán
y lo diste por comida a los habitantes del desierto.
Abriste la fuente y el río;
secaste ríos impetuosos.
Tuyo es el día, tuya también es la noche;
tú estableciste la luna y el sol.
Tú fijaste todos los términos de la tierra;
el verano y el invierno tú los formaste» (Sal 74. 12-17).

Dios es rey también porque es el creador del pueblo de Israel:
«Yo, Jehová, Santo vuestro,
Creador de Israel, vuestro Rey.
Así dice Jehová,
el que abre camino en el mar
y senda en las aguas impetuosas;
el que saca carro y caballo,
ejército y fuerza;
caen juntamente para no levantarse;
se extinguen, como pábilo son apagados» (Is 43. 14-17).

En toda la Biblia, como en el pasaje anterior, las referencias a los eventos de la liberación del pueblo en el Éxodo y su relación con Dios como rey de Israel se repiten frecuentemente. Abundantes también son las referencias a Dios como rey en los relatos de la conquista de la tierra de Canaán. Pero cuando el autor de la segunda parte de Isaías escribe, lo hace en un contexto históricamente posterior. El pasaje le da aliento al pueblo que ha sido exiliado y que ha estado cautivo en Babilonia, recordándoles que el rey de Israel también velará por su futuro. El pasaje continúa en el vérsiculo 18 con una nota de esperanza:

«No os acordéis de las cosas pasadas
ni traigáis a la memoria las cosas antiguas.
He aquí que yo hago cosa nueva;
pronto saldrá a luz, ¿no la conocéreis?
Otra vez abriré camino en el desierto
y ríos en la tierra estéril,
para que beba mi pueblo, mi escogido.
Este pueblo he creado para mí;
mis alabanzas publicará» (Is 43.18-21).

El pueblo se desespera en el exilio, en medio de otros dioses, y el poeta les lleva las palabras de su rey para que mantengan su identidad y su fidelidad a ese rey que «estableció el pueblo» desde su principio:

«Así dice Jehová, Rey de Israel
y su Redentor, Jehová de los ejércitos:
Yo soy el primero y yo soy el último,
y fuera de mí no hay Dios.
¿Y quién proclamará lo venidero,
lo declarará y lo pondrá en orden delante de mí,
como hago yo desde que establecí el pueblo antiguo?» ( Is 44.6-7).

Tanto en el Antiguo Testamento como en el Nuevo, el pueblo de Israel era un pueblo minoritario que vivía en tensión con una serie interminable de poderes dominantes o de otros pueblos que competían por la tierra y su sostén. Esos pueblos y esos poderes tenían gobernantes, ya fuera el faraón egipcio, o el rey de Asiria, o los gobernantes sujetos a Roma. Los sabios que llegaron del oriente a Jerusalén le preguntaron al rey Herodes: «¿Dónde está el rey de los judíos que ha nacido?» (Mt 2.2). Y el rey

Herodes, después de enterarse «dónde había de nacer el Cristo», mandó primero a los sabios a buscarlo en Belén para decirle dónde encontrarlo. Como ellos no se lo informaron, Herodes mandó a matar a todos los varones de menos de dos años para cerciorarse de haber eliminado a un «rey» que pudiera competir con su poder. Y al final de su vida, cuando Jesús está en la cruz, le clavan un letrero mofándose de él: «Este es el Rey de los judíos» (Lc 23.38). Jesús no se llamó «rey» a sí mismo, pero sí muchas veces se refirió al «reino de Dios».

Los redactores del Antiguo Testamento identifican consistentemente a Dios como su rey. Los otros reyes que los oprimen o los reyes a quienes el pueblo israelita ha de enfrentarse en el campo de batalla, no son sus reyes. A veces, el pueblo cae en la tentación de olvidar a su rey a causa de desesperanza, en situaciones de exilio, o simplemente por su propio pecado de acomodación al estilo menos rígido y menos reglamentado de los otros pueblos. Cuando el pueblo y sus gobernantes se olvidan de Dios como su rey y olvidan su ley, el reino de justicia y compasión hacia el necesitado se desmorona. Los profetas entonces presentan a Dios como juez que reclama la justicia no sólo de otros para su pueblo, sino también dentro de su pueblo entre unos y otros. La voluntad divina de justicia ha de ser su norma, y el juicio de Dios recae sobre el pueblo que se olvida de ella, tanto como sobre los otros pueblos que le injurian. El siguiente pasaje se refiere a esos otros pueblos:

«Estad atentos a mí, pueblo mío,
y oídme, nación mía;
porque de mí saldrá la Ley,
y mi justicia para luz de los pueblos.
Muy cerca está mi justicia,
ya ha salido mi salvación
y mis brazos juzgarán a los pueblos.
En mí esperan los de la costa;
en mi brazo ponen su esperanza» (Is 51.4-5).

Aunque Dios perdona el pecado, Dios juzga a su pueblo: «¡Jehová! ¡Jehová! Dios fuerte, misericordioso y piadoso; tardo para la ira y grande en misericordia y verdad, que guarda misericordia a millares, que perdona la iniquidad, la rebelión y el pecado, pero que de ningún modo tendrá por inocente al malvado; que castiga la maldad de los padres en

los hijos y en los hijos de los hijos, hasta la tercera y cuarta generación»
(Ex 34. 6-7).

Los reyes y los jueces de Israel habían de reflejar la justicia de Dios. En
el día de la entronización de un rey el salmista le pide a Dios que ayude
al rey a ser justo:

«Dios, da tus juicios al rey
y tu justicia al hijo del rey.
Él juzgará a tu pueblo con justicia
y a tus afligidos con rectitud.
Los montes llevarán paz al pueblo,
y los collados justicia.
Juzgará a los afligidos del pueblo,
salvará a los hijos del menesteroso
y aplastará al opresor» (Sal 72.1-4).

Cuando leemos la Biblia, a veces tendemos a rechazar a Dios como
juez que nos juzga por nuestro pecado, iniquidad, opresión e injusticia
—que cometemos unos contra otros, como juzgaba en tiempos bíblicos
a su pueblo. Pero Dios es rey de un reino de justicia y de compasión. El
rey nos juzga, nos perdona; pero el pecado de injusticia y de desamor
al prójimo trae consecuencias a las víctimas tanto como a los que lo
cometen, tanto al oprimido que sufre los efectos de la injusticia, como al
opresor que será «aplastado», como dice el Salmo 72.

En el espejo bíblico vemos a Dios rey y juez, no sólo para maravillarnos
con el poder de su majestuosa realeza, o sólo para pedirle favores de su
poderosa mano, sino también y más importante aun, para recordar el tipo
de reino sobre el que Dios es soberano. Los latinos en los EstadosUnidos
y latinoamericanos en general vemos a ese rey y juez velando por la
justicia debida a nuestro pueblo, recordándonos nuestro derecho a esa
justicia e invitándonos a proclamar al rey de justicia y al juez justo.
Proclamémosle, pero hagamos primero reflexión sobre nuestros propios
pecados de injusticia y desamor, para que otros también reflexionen en
qué reino y bajo qué rey viven:

«porque yo reconozco mis rebeliones,
y mi pecado está siempre delante de mí.
Contra ti, contra ti solo he pecado;
he hecho lo malo delante de tus ojos,

para que seas reconocido justo en tu palabra
y tenido por justo en tu juicio» (Sal 51.3-4).

## Dios como padre y madre

En el espejo bíblico vemos a Dios también como padre y madre. Así ve a Dios Israel. Cuando son desobedientes, les he reclamado su lealtad al padre:

«¿Así pagáis a Jehová,
pueblo loco e ignorante?
¿No es él tu padre, que te creó?
Él te hizo y te estableció» (Dt 32.6).

Cuando están en tiempos posexílicos, el redactor de la tercera parte de Isaías le recuerda al pueblo que «su padre» oyó el clamor de sus hijos en el exilio. Entonces clamaban a su «padre» como cualquier hijo en crisis pidiendo perdón por sus pecados y rogando que Dios les ayudara a restaurar al pueblo en su ciudad de Jerusalén:

«Pero tú te enojaste porque pecamos,
porque en los pecados hemos
perseverado largo tiempo.
¿Podremos acaso ser salvos?
pues todos nosotros somos como cosa impura,
todas nuestras justicias como trapo de inmundicia.
Todos nosotros caímos como las hojas
y nuestras maldades nos llevaron como el viento.
¡Nadie hay que invoque tu nombre,
que se despierte para apoyarse en ti!
Por eso escondiste de nosotros tu rostro
y nos dejaste marchitar en poder de nuestras maldades.
Ahora bien, Jehová, tú eres nuestro padre;
Nosotros somos el barro y tú el alfarero.
Así que obra de tus manos somos todos nosotros.
No te enojes sobremanera, Jehová,
ni tengas perpetua memoria de la iniquidad.
¡Míranos ahora, pues pueblo tuyo somos todos nosotros!
Tus santas ciudades están desiertas,

Sión es un desierto,
Jerusalén una desolación» (Is 64.5-10).

Jesús también llama a Dios "padre" repetidas veces. Nos enseña, por ejemplo, a orar comenzando con «Padre nuestro» (Lc 2.11). Notemos que aquí Jesús se refiere al «padre» como al padre de nosotros y el de él. Nosotros también somos hijos de Dios. La íntima imagen de Dios como padre que vela por nosotros se ve, por ejemplo, en el siguiente trozo bíblico: «Por tanto os digo: No os angustiéis por vuestra vida, qué habéis de comer o qué habéis de beber; ni por vuestro cuerpo, qué habéis de vestir. ¿No es la vida más que el alimento y el cuerpo más que el vestido? Mirad las aves del cielo, que no siembran, ni siegan, ni recogen en graneros; y, sin embargo, vuestro Padre celestial las alimenta. ¿No valéis vosotros mucho más que ellas?» (Mt 6.25-26).

En la cultura israelita el padre y el hijo primogénito tenían una relación especial en la familia. Era a través del primogénito que la mayor parte de la herencia del padre se traspasaba. El primogénito también tenía la mayor parte de la responsabilidad por la familia cuando el padre moría. Esto sirve de trasfondo en los siguientes pasajes sobre el Padre y el Hijo: «Todas las cosas me fueron entregadas por mi Padre; y nadie conoce al Hijo, sino el Padre, ni nadie conoce al Padre, sino el Hijo y aquel a quien el Hijo se lo quiera revelar» (Mt 11.27), y «Todos los que son guiados por el Espíritu de Dios, son hijos de Dios, pues no habéis recibido el espíritu de esclavitud para estar otra vez en temor, sino que habéis recibido el Espíritu de adopción, por el cual clamamos: ¡Abba, Padre! El Espíritu mismo da testimonio a nuestro espíritu, de que somos hijos de Dios. Y si hijos, también herederos, herederos de Dios y coherederos con Cristo, si es que padecemos juntamente con él, para que juntamente con él seamos glorificados» (Ro 8.14-17).

En el evangelio de Juan vemos cómo «padre» indica figurativamente en la cultura bíblica de quién uno procede y como quién uno actúa. A un grupo de judíos que intentaban matar a Jesús, él les dice que su padre es el diablo, no Dios ni Abraham:

«Respondieron y le dijeron: Nuestro padre es Abraham. Jesús les dijo: Si fuerais hijos de Abraham, las obras de Abraham haríais. Pero ahora intentáis matarme a mí, que os he hablado la verdad, la cual he oído de Dios. No hizo esto Abraham. Vosotros hacéis las obras de vuestro padre.

Entonces le dijeron: ¡Nosotros no hemos nacido de fornicación! (o sea, no son bastardos). ¡Un padre tenemos: Dios! Jesús entonces les dijo: Si vuestro padre fuera Dios, entonces me amaríais, porque yo de Dios he salido y he venido, pues no he venido de mí mismo, sino que él me envió. ¿Por qué no entendéis mi lenguaje? Porque no podéis escuchar mi palabra. Vosotros sois de vuestro padre el diablo, y los deseos de vuestro padre queréis hacer. Él ha sido homicida desde el principio y no ha permanecido en la verdad, porque no hay verdad en él. Cuando habla mentira de suyo habla, pues es mentiroso y padre de mentira. Pero a mí, que digo la verdad, no me creéis. ¿Quién de vosotros puede acusarme de pecado? Y si digo la verdad, ¿por qué vosotros no me creéis? El que es de Dios, las palabras de Dios oye; por esto no las oís vosotros, porque no sois de Dios» (Jn 8.39-47).

La figura del padre en la cultura israelita en los tiempos bíblicos poseía estrictas expectativas en la estructura familiar en todo el ámbito social. Aunque con excepciones, el sostén de la familia provenía del padre. La legislación interna de la familia también recaía en el padre. Los castigos al deshonor que los hijos o nueras causasen a la familia, por ejemplo, eran determinados por el padre. Los textos bíblicos le confieren la imagen de padre a Dios para derivar de ella la responsabilidad y el poder que el padre de familia tenía hacia ella. La imagen del «padre» también reafirma la responsabilidad y obediencia que los hijos de Dios, el pueblo de Israel y nosotros mismos, le debemos al padre. La obediencia perfecta de Jesucristo, Hijo de Dios, es nuestro modelo.

En muchas culturas todavía el papel del padre es bastante similar al papel del padre que se ve en la Biblia. En muchos países occidentales la figura del padre y la figura de la madre son más similares y la responsabilidad y poder se comparten más. Si le añadiéramos nuestro propio testimonio contemporáneo de fe a la Biblia, desde la perspectiva de la familia latina y latinoamericana de hoy en día, por ejemplo, la responsabilidad de Dios hacia nosotros posiblemente sería metafóricamente descrita con mucho más equilibrio entre los atributos y las contribuciones tanto de la madre como del padre.

No hay que olvidar que en la Biblia, aun en el tiempo y en el espacio étnico en que se dio su redacción, hay abundantes referencias a la divinidad personificada femeninamente. Más y más líderes eclesiales y académicos enfatizan las imágenes bíblicas femeninas de Dios para más efectivamente llegar a las sensibilidades contemporáneas de nuestra realidad, y a nuestras concepciones emocionales y sociopolíticas de hoy.

También es pastoralmente indicado tener en cuenta que hay personas que muy desafortunadamente han pasado y pasan por abuso físico y sexual a manos de su propio padre u otro familiar. El corazón agraviado, ofendido, atemorizado y sufriente de muchas mujeres y hombres que pasan y han pasado por situaciones de abuso, mayormente, aunque no exlusivamente, a manos de hombres, no puede sino causar posibles equivalencias entre el papel masculino de Dios y aquellos quienes han abusado de ellos. Para esas víctimas de abuso, y para todos, es recomendable ampliar la imagen de Dios en cuanto a género, ya que lo que tenemos en el texto bíblico son imágenes visualizadas por redactores inmersos en su propio ámbito contextual. Dios no tiene cuerpo físico y por lo tanto no es ni varón ni hembra. La Biblia visualiza a Dios como los dos, aunque mucho más frecuentemente como varón por causa del contexto histórico de entonces. Sin embargo, mientras estudiamos la Biblia es beneficioso también notar conscientemente las imágenes bíblicas maternales de la divinidad, tales como:

«Como aquel a quien consuela su madre,
así os consolaré yo a vosotros,
y en Jerusalén recibiréis consuelo» (Is 66.13).

«Pero Sión ha dicho: Me dejó Jehová,
el señor se olvidó de mí.
¿Se olvidará la mujer de lo que dio a luz,
para dejar de compadecerse del hijo de su vientre?
¡Aunque ella lo olvide,
yo nunca me olvidaré de ti!» (Is 49.14-15).

«¡Jerusalén, Jerusalén, que matas a los profetas y apedreas a los que te son enviados! ¡Cuántas veces quise juntar a tus hijos, como la gallina a sus polluelos debajo de sus alas, pero no quisiste!» (Lc 13.34).

«¡Ay del que, no siendo más que un tiesto
como cualquier tiesto de la tierra,
pleitea con su Hacedor!

¿Dirá el barro al que lo modela: ¿Qué haces?,
O: Tu obra, ¿no tiene manos??
¡Ay del que dice al padre:
¿Por qué engendraste?
Y a la mujer: ¿Por qué diste a luz?!» (Is 45.9-10).

No hay duda de que para comunicar su concepto de la autoridad de Dios, los redactores del texto bíblico identificaban y describían a Dios mayormente de acuerdo a los atributos de padre que funcionaban en su tiempo y lugar. Sin embargo, cuando notamos que también hay en la Biblia imágines maternales de Dios, recordamos que todas las imágenes bíblicas de Dios son sólo imágenes que nos ayudan a articular algo de la inmensidad de la divinidad, por limitado que sea. Al leer y estudiar la Biblia en nuestro propio lugar y momento, nosotros también podemos visualizar a Dios valiéndonos de los patrones sociales comunes a nuestro contexto y a nuestras experiencias vivenciales.

## Dios como pastor

La figura del pastor es otra imagen muy conocida que en la Biblia describe la relación de Dios con su pueblo. A través de esta imagen vemos a Dios protegiendo al pueblo y guiándole en tiempo de exilio. Isaías escribe que Dios:
«Como pastor apacentará su rebaño.
En su brazo llevará los corderos,
junto a su pecho los llevará;
y pastoreará con ternura a las [ovejas] recién paridas» (Is 40.11).

Así hará Dios con su pueblo, que está pasando por el árido dolor del exilio:
«¡Oíd palabra de Jehová, naciones,
y hacedlo saber en las costas que están lejos!
Decid: El que dispersó a Israel,
lo reunirá y guardará,
como el pastor a su rebaño,
porque Jehová redimió a Jacob,
lo redimió de mano del más fuerte que él.

Vendrán con gritos de gozo a lo alto de Sión
y correrán a los bienes de Jehová:
al pan, al vino, al aceite
y al ganado de ovejas y de vacas.
Su vida será como un huerto de riego
Y nunca más tendrán dolor alguno» (Jer 41.10-12).

Los reyes de los israelitas también habían sido concebidos como «pastores» que Dios mismo había escogido:
«Eligió a David su siervo
y lo tomó de los rebaños de ovejas;
de detrás de las paridas lo trajo,
para que apacentara a Jacob su pueblo,
a Israel su heredad.
Y los apacentó conforme a la integridad de su corazón;
los pastoreó con la pericia de sus manos» (Sal 78.70).

En nuestras liturgias funerales muchas veces escuchamos el Salmo 23. La imagen de Dios como pastor del pueblo israelita nos consuela recordándonos que, como en la vida, también después de la muerte estamos en manos de nuestro pastor:
«Jehová es mi pastor, nada me falta.
En lugares de delicados pastos me hará descansar;
junto a aguas de reposo me pastoreará.
Confortará mi alma.
Me guiará por sendas de justicia
por amor de su nombre.
Aunque ande en valle de sombra de muerte,
no temeré mal alguno,
porque tú estarás conmigo;
tu vara y tu cayado me infundirán aliento» (Sal 23.1-4).

En los evangelios, Jesús es el buen pastor que da la vida por sus ovejas:
«De cierto, de cierto os digo: Yo soy la puerta de las ovejas. Todos los que antes de mí vinieron, ladrones son y salteadores, pero no los oyeron las ovejas. Yo soy la puerta: el que por mí entre será salvo; entrará y saldrá,

y hallará pastos. El ladrón no viene sino para hurtar, matar y destruir; yo he venido para que tengan vida, y para que la tengan en abundancia.

Yo soy el buen pastor, el buen pastor su vida da por las ovejas. Pero el asalariado, que no es el pastor, de quien no son propias las ovejas, ve venir al lobo y deja las ovejas y huye, y el lobo arrebata las ovejas y las dispersa. Así que el asalariado huye porque es asalariado y no le importan las ovejas.

Yo soy el buen pastor y conozco mis ovejas, y las mías me conocen, así como el Padre me conoce y yo conozco al Padre, y pongo mi vida por las ovejas. Tengo además, otras ovejas que no son de este redil; a esas también debo atraer y oirán mi voz, y habrá un rebaño y un pastor» (Jn 10.7-16).

Para proteger a su rebaño, Dios como pastor vela por su vida entera. Le cuida y vuelve a reunir a sus ovejas cuando están esparcidas. Sin embargo, también hemos de notar que cuando el pasto de sus ovejas es pisoteado con injusticias, Dios juzga y actúa para así protegerlas incluso unas de otras. El hilo bíblico de la justicia se ve entonces en el siguiente pasaje:

«Porque así ha dicho Jehová, el Señor: Yo, yo mismo, iré a buscar a mis ovejas, y las reconoceré. Como reconoce su rebaño el pastor el día que está en medio de sus ovejas esparcidas, así reconoceré yo a mis ovejas y las libraré de todos los lugares en que fueron esparcidas el día del nublado y de la oscuridad. Yo las sacaré de los pueblos y las juntaré de los países, las traeré a su propio país y las apacentaré en los montes de Israel, por las riberas en todos los lugares habitados del país. En buenos pastos las apacentaré y en los altos montes de Israel estará su pastizal; allí dormirán en buen redil y con pastos suculentos serán apacentadas sobre los montes de Israel. Yo apacentaré mis ovejas y les daré aprisco, dice Jehová, el Señor. Yo buscaré a la perdida y haré volver al redil a la descarriada, vendaré la perniquebrada y fortaleceré a la débil; pero a la engordada y a la fuerte destruiré: las apacentaré con justicia.

En cuanto a vosotras, ovejas mías, así ha dicho Jehová, el Señor: Yo juzgo entre oveja y oveja, entre carneros y machos cabríos. ¿No os basta con comer los buenos pastos, sino que también pisoteáis lo que de vuestros pastos queda y el resto con vuestros pies? Y así mis ovejas han de comer lo que vosotros habéis pisoteado y han de beber lo que con vuestros pies habéis enturbiado.

Por tanto, así les dice Jehová, el Señor: Yo, yo mismo, juzgaré entre la oveja engordada y la oveja flaca, por cuanto empujasteis con el costado y con el hombro, y acorneasteis con vuestros cuernos a todas las débiles, hasta que las echasteis y las dispersasteis. Yo salvaré a mis ovejas y nunca más serán objeto de rapiña; y juzgaré entre oveja y oveja» (Ez 34.11-22).

¡Qué pastor tenemos en Dios! Recordemos siempre que el pastor nos protege y quiere que su rebaño ande con justicia.

## Dios en el espejo

Hemos repasado algunas de las imágenes de Dios que vemos en el espejo bíblico y que nuestros antepasados también han visto. Ahora nosotros y nuestros descendientes en la fe hemos de visualizar a Dios de maneras significativas en cada uno de nuestros contextos. Dios se define en la Biblia misma simplemente como «Yo soy». Así, le dice a Moisés que le diga al pueblo:
«Si voy a los hijos de Israel y les digo: "Jehová, el Dios de vuestros padres, me ha enviado a vosotros", me preguntarán: "¿Cuál es su nombre?".
Respondió Dios a Moisés: "Yo soy el que soy". Y añadió: "'Yo soy' me envió a vosotros".
Además, Dios dijo a Moisés: Así dirás a los hijos de Israel: "Jehová, el Dios de Abraham, el Dios de Isaac y el Dios de Jacob, me ha enviado a vosotros". Este es mi nombre para siempre; con él se me recordará por todos los siglos» (Ex 3.13-15).

Dios es inmensamente más grande que una imagen, ya sea rey, padre, madre, pastor, o cualquier otra cosa. Dios es más que la suma de todas nuestras visualizaciones. Dios es «Yo soy». Nuestro Dios es «el Dios de Abraham, el Dios de Isaac y el Dios de Jacob», el que caminó con su pueblo en sus días de esclavitud y exilio, y en sus días de liberación y justicia. Nuestro Dios es el que envió a Jesucristo a morir por nosotros. Cualquier imagen que nos hagamos mentalmente de Dios ha de reflejar la fidelidad de Dios hacia nosotros dada en esa historia bíblica. La aplicación de esa fe en nuestro propio contexto nos hará ver diferentes imágenes –como la de una mujer latina que ve a Dios como una rosa herida. Leamos y estudiemos las imágenes de la divinidad en la Biblia e imaginémonos a nuestro Dios, el Dios de Abraham, de Isaac y de Jacob aquí y ahora. Dejemos que el mensaje de la Biblia se encarne en nuestras vidas de tal modo que podamos ver a Dios de nuevo en el espejo de nuestros tiempos.

# Capítulo 6
# La Biblia como vida devocional

Para una persona de fe, leer y estudiar la Biblia es más que leer y estudiar la Biblia: es vivirla. Para una persona de fe, leer y estudiar la Biblia es hacerla nuestra. Una vida devocional basada en nuestra fe bíblica se nutre, crece, y se fortifica al leer y estudiar la Biblia regularmente en comunión con Dios, y al vivir como reflejo de esa comunión.

La Biblia no es un libro del pasado, aunque nos habla de nuestros antepasados en la fe. La Biblia tampoco nos habla sólo de la vida eterna después de la muerte o después de los siglos. La Biblia nos habla en y de nuestro presente, aquí y ahora. Así es que para leer y estudiar la Biblia desde la perspectiva de nuestro presente es recomendable que reflexionemos en lo que leemos, entremos en conversación con el Dios de la Biblia, oremos para que Dios nos ayude a relacionarnos más íntimamente con su presencia, y actuemos de maneras que reflejen esa íntima relación tanto en lo individual como en lo comunitario.

Un poeta famoso dijo que "se hace camino al andar". Es verdad. Y es también verdad que, por generaciones, otros han hecho caminos andando delante de nosotros. Nosotros no hemos de caminar por los mismos caminos, pero sí es bueno que veamos por dónde y con quién han caminado nuestros antepasados en la fe. El pueblo de Dios, Israel, hizo los caminos que se describen en el Antiguo Testamento. Por esos caminos, Israel llevó su dolor y su esperanza. Por esos mismos caminos Dios caminó con ellos.

Jesucristo vino y siguió abriendo caminos para que más pueblos caminasen con el Dios de su pueblo. Pablo, en sus cartas, reafirma la invitación a todas "las naciones" a caminar con Dios. Cada nación, por diferentes caminos, con sus diferentes realidades y tradiciones, unos circundados, otros no, pero todos con Jesucristo. Algunos toman el nuevo camino, otros siguen por los que ya se habían trazado. Los caminos son diversos, pero acompañándonos en todos los que caminemos estará Dios.

De hecho, Dios nos invita a descubrir quiénes somos como pueblo y como individuos en cada uno de nuestros caminos. El pueblo latino y los pueblos latinoamericanos de hoy han de hacer camino al andar, recordando cómo en la Biblia Dios caminó con otro pueblo marginado y conquistado una y otra vez por poderes militares y económicos. Jesucristo camina ahora con nosotros dándonos poder para andar con nuestro Dios hacia una vida abundante de fe y justicia.

La lectura y el estudio devocional de la Biblia nos hacen vislumbrar esos caminos. «Devoción» es una palabra que puede tener diferentes significados para diferentes personas y en diferentes contextos. Nos referimos a veces a una persona como «muy devota» cuando siempre está rezando en la iglesia, o puede que digamos que alguien hace algo «con mucha devoción» aun cuando lo que hace no tenga que ver con la iglesia, la religión o la fe. Así decimos, por ejemplo: «¡esa madre cuida a sus hijos con tanta devoción!». Dado que esta palabra puede contener diferentes significados, es preciso definir cómo la usaremos aquí.

Leer y estudiar la Biblia con devoción se referirá aquí a las maneras en que esa lectura y ese estudio de la palabra de Dios nos lleva por cada uno de nuestros caminos. Veremos cómo Dios nos invita a caminar en su compañía a través de la reflexión y de nuestra conversación con el texto bíblico. Todo esto, mientras oramos al leerlo y estudiarlo, para así encaminar nuestros pasos.

## Reflexión

La reflexión sobre el texto es motivada por la curiosidad sobre él. Para reflexionar sobre el texto hemos de entenderlo primeramente como texto. El texto que leemos y estudiamos es similar a otros textos, pero como ningún otro. Es semejante en que lo leemos en nuestra lengua y está impreso en papel y encuadernado como cualquier otro libro, pero el texto bíblico ha pasado por las manos de muchos individuos y comunidades de fe. Cada libro de la Biblia tiene una larga historia. Al leer un libro de la Biblia podemos pensar tanto en el contexto de la narración como en el contexto en el que el libro fue redactado.

Un recurso muy útil para enterarnos del contexto histórico de la narración y del contexto de la redacción del texto que estamos estudiando son los comentarios bíblicos. Nos sería imposible enterarnos del trasfondo histórico y de la historia de la redacción del texto si no fuera por los comentarios bíblicos escritos por estudiosos de la historia bíblica. Aun así, entre los mismos académicos que escriben esos comentarios, existen diferencias de interpretación. Por lo tanto, es muy común encontrar en diferentes comentarios una diversidad de opiniones e interpretaciones. A veces la razón de esto tiene que ver con la localización político-social e ideológica de los comentaristas. Un comentario bíblico escrito en Alemania inmediatamente después de la Segunda Guerra Mundial está marcado por ese contexto, y un comentario escrito en Brasil en el siglo XXI está también marcado por el contexto de Brasil en este siglo, al igual que todo otro comentario está marcado por el contexto en que se redacta. Por ejemplo, el presente libro es parte de una serie de comentarios bíblicos, *Conozca su Biblia*, escritos por autores latinos. Luego, la perspectiva interpretativa de esta serie está marcada por nuestro contexto.

Otro recurso que podemos utilizar en nuestro estudio de la Biblia son las introducciones a cada libro de la Biblia y las notas al pie de la página que se ofrecen en ediciones «de estudio» de la Biblia. También aquí tenemos que estar conscientes de qué casa editorial ha publicado la edición de estudio que utilicemos. Como en los comentarios, los ensayos introductorios y las notas al pie de la página de cada edición de estudio llevan la huella de la localización interpretativa de quien los escribe.

Hay veces que cuando decidimos leer la Biblia desenterramos una Biblia que ha estado en los cajones o gavetas de nuestra familia por generaciones. Puede que sea una Biblia de estudio. Nos hemos de preguntar: ¿Están al día las introducciones a cada libro bíblico y las notas al pie de la página en esa Biblia? ¿Concuerdan con nuestro contexto? Puede que no. No obstante el valor sentimental del libro familiar, es recomendable que obtengamos una versión más contemporánea. Otro volumen de esta serie, *La Biblia castellana*, nos explicará con detalles las diferencias de las versiones bíblicas en lenguaje castellano (o "español", como solemos llamar a nuestro idioma).

Ayudados con comentarios bíblicos y ediciones de estudio de la Biblia, podemos entonces empezar a preguntarnos y reflexionar sobre las realidades históricas detrás del texto. ¿Cómo esas realidades moldearon el mensaje del texto? ¿Cómo afectaban la relación de Israel —o de los primeros cristianos— con Dios y Jesucristo? ¿Cómo esas realidades se reflejan en las nuestras? ¿Cuál era el mensaje del tiempo del texto para los oyentes o lectores de entonces, y cuál es el mensaje del texto para los lectores de hoy en nuestras circunstancias?

El género literario del texto es otro aspecto que debemos considerar al leer la Biblia. La pertinencia del género literario del texto para nosotros puede variar. Las cartas, los evangelios, los textos poéticos y las narraciones nos son fáciles de leer, pues estamos acostumbrados a esos géneros. Los códigos de leyes, las extensas genealogías o el denso estilo apocalíptico quizás no nos motiven a relacionarnos con esos tipos de texto. En los comentarios bíblicos y en las introducciones de las ediciones de estudio de la Biblia podemos encontrar pautas que nos ayuden a distinguir y entender mejor el propósito del género literario del texto que leemos. Saber si es un texto de profecía, o si es material litúrgico usado en la devoción del Templo, nos ayuda en nuestra lectura, comprensión e interpretación. Aun en el caso de las narraciones de los evangelios y de las cartas del Nuevo Testamento —que son mucho más accesibles a nuestras sensibilidades interpretativas— es también aconsejable que consultemos notas, introducciones y comentarios para enterarnos de los diferentes trasfondos de cada texto.

Dentro de los evangelios y las cartas hay trozos de otros textos de diferentes géneros provenientes de otros libros de la Biblia. Muchas generaciones de estudiosos bíblicos han tratado de descifrar los componentes de los textos que han llegado a nuestras manos después de muchos cambios y redacciones. Es apropiado que mientras leamos reflexionemos, por ejemplo, en por qué se incluye un pasaje del profeta Isaías en medio de una narración en los evangelios. Los recursos para el estudio de la Biblia, los comentarios bíblicos, las introducciones a cada libro de la Biblia y las notas al pie de la página en Biblias de estudio pueden aclararnos el propósito de tales inserciones.

Al reflexionar sobre el texto que leemos pensemos en qué imagen de la divinidad se nos presenta. ¿Cómo se ve a Dios en el texto? ¿Qué está haciendo Dios en él? Ayudados con los recursos mencionados consideremos lo que esa imagen significaba para los oyentes y lectores del texto en tiempos bíblicos. Esa imagen de Dios, ¿qué nos comunica a nosotros en nuestro tiempo? ¿Cómo me relaciono yo con esa imagen?

En la Biblia aprendemos del pueblo de Israel –sus costumbres, sus leyes, su historia– y de la génesis de las primeras comunidades de cristianos. Al leer el texto, ¿qué aprendemos acerca de la fe de la gente en la Biblia? ¿Cómo se parecen las costumbres de hace tanto tiempo a algunas de las nuestras? ¿Reconocemos en las páginas bíblicas oraciones o frases que usamos en nuestro culto hoy en día en las páginas bíblicas?

La distancia histórica y cultural puede hacer que algo no nos resulte claro. Aun los académicos que dedican gran parte de su vida al estudio y a las investigaciones sobre los textos bíblicos no tienen certeza sobre muchos detalles de la Biblia. En sí el no conocer los orígenes o el significado exacto de algunos detalles no causa mayor problema. Lo importante es siempre reflexionar sobre el mensaje contextualizado en el trasfondo histórico del momento bíblico y en el del momento contemporáneo a nosotros, el uso del género literario usado en el pasaje que estudiamos, y la imagen y acción de Dios en el texto.

Recordemos también que no hay expertos acerca de la palabra viva de Dios... que esa palabra se encarna en cada pueblo y en cada individuo. Si hay algunos estudiosos que pueden ayudarnos a reconocer algunos detalles del texto, no hay nadie más que nosotros mismos que pueda reconocer el significado de los textos bíblicos en cada una de nuestras circunstancias específicas.

Otros recursos que podemos utilizar para iluminar con más precisión nuestro estudio del texto bíblico son las concordancias y diccionarios sobre la Biblia. Existen concordancias y diccionarios muy extensos y otros más breves. En las concordancias encontramos los pasajes bíblicos en que se usa cada palabra de la Biblia. En las concordancias y diccionarios bíblicos encontramos palabras teológicas claves como «gloria» y «perdón», pero también podemos encontrar términos tales como «ranas» o «pies». También podemos buscar en las corcondancias en qué libro y versículo se mencionan los nombres propios de los personajes de la Biblia. Los diccionarios nos explican el uso y significado de los términos que aparecen en la Biblia e incluyen generalmente un número mucho más reducido de términos que las concordancias.

Los mapas sobre cada era histórica de la Biblia también son muy recomendables, especialmente para quienes aprenden más fácilmente con ayudas visuales. En los mapas, por ejemplo, podemos ver las diferentes configuraciones geográficas y políticas en que se dividían los territorios en que se desarrollan las historias bíblicas. También podemos ver los caminos por los que anduvo el pueblo de Israel y los viajes de Pablo. Las ediciones de estudio de la Biblia incluyen dichos mapas y hay atlas dedicados exclusivamente a los mapas históricos bíblicos.

## Conversación

Al mismo tiempo que leemos y reflexionamos sobre lo que leemos valiéndonos, si es necesario, de la ayuda proporcionada por los recursos –que han sido mencionados anteriormente, es altamente provechoso entrar en conversación con Dios. Ese Dios que está actuando en el texto, que oye las angustias de su pueblo, que provee la esperanza para que un pueblo sobreviva y para que todos seamos liberados del pecado a través de Jesucristo y su vida, muerte y resurrección– está ahí en el texto. El leer el texto es ponernos cara a cara con ese Dios. ¿Qué nos dice? ¿Qué le decimos? ¿Qué sentimos en lo profundo de nuestro corazón cuando leemos sobre Dios y su pueblo, sobre Jesucristo y sus discípulos, y sobre Pablo y sus congregaciones? ¿Dónde nos encontramos humanamente en cada historia frente a nuestro Dios?

La Biblia es el testimonio de la experiencia humana de la divinidad. Esa experiencia no es sólo nuestra idea de quién ha sido Dios para nuestros antepasados. La presencia de Dios ha quedado encarnada en la humanidad de las familias y los pueblos que nos han dejado los libros de la Biblia como herencia. Nuestros antepasados en la fe nos han dejado un testimonio altamente humano de la presencia de Dios con ellos.

La cándida humanidad de la Biblia a veces hasta nos sorprende. David enamorándose de la mujer casada, la envidia que sienten unos discípulos por otros, las exuberacias de fidelidad de Pedro que resultan en la negación de su Maestro, la angustia expresada en los salmos, el dolor de Marta y María por la muerte de su hermano, la desesperación del mismo Jesucristo en su camino a la cruz, la opresión del pueblo en el exilio, y el gozo expresado en el Cantar de los Cantares, son las piezas comunes de nuestra existencia cotidiana.

En toda esa cándida humanidad Dios entra a ser carne con carne. El más alto grado de experiencia de nuestra humanidad en la divinidad es, ciertamente, la encarnación de Dios en Jesucristo. Ese es nuestro Dios, el que camina con su pueblo en toda su humanidad y el que se encarna en Jesucristo.

Porque lo que tenemos en la Biblia es ese Dios que se encarna en nuestra humanidad, al leer la Biblia no podemos sino traerle toda nuestra humanidad a ese mismo Dios. Quizás a veces leamos la Biblia en grupo, y a veces solos. De cualquiera de las dos maneras, nuestras circunstancias, nuestros anhelos, desesperaciones, sufrimientos, gozos y esperanzas humanas, y nuestros más recónditos sentimientos se reflejan en las innumerables experiencias humanas y sólo humanas de las familias de la Biblia. Abraham y Sarah, Jacob (o «Israel», como fue renombrado) e Isaac y José, el que terminó en Egipto vendido por sus hermanos, son solamente una familia: abuelos, hijos, nietos, bisnietos. Dios escogió a una familia y nos comunica su amor y fidelidad a través de historias familiares. ¿Cómo está Dios en la historia de nuestra familia? En nuestra familia, ¿cuál es nuestra herencia y cuál es nuestro papel en términos del testimonio de la fe? ¿Cómo se parece la historia de fe de nuestros antepasados bíblicos a la de nuestros antepasados de sangre? ¿Cómo hemos visto encarnado a Dios en nuestra familia? ¿Cómo se encarna Dios en nosotros y qué testimonio estamos nosotros dando a otros dentro de nuestra familia y nuestra comunidad?

Cuando conversamos con Dios mientras leemos y estudiamos la Biblia, preguntémonos honestamente cómo nuestra fe en lo que leemos impacta nuestra vida familiar. Cuando hablemos con Dios lo podemos hacer con completa honestidad, porque sabemos que Dios es Dios de esperanza y de vida abundante. Dios quiere que vivamos plenamente en su perdón y su esperanza. Jesús murió en la cruz «para perdón de los pecados», de acuerdo a Mateo 26. 28. La Biblia nos da testimonio de la resurrección de Jesús para la vida abundante que Dios nos da a través del Hijo. El testimonio bíblico de la encarnación, muerte y resurrección de Jesucristo nos libera de todo obstáculo para nuestra honesta conversación con Dios. Mientras leemos, traigamos al texto los más escondidos sentimientos, las más recónditas angustias humanas. Ahí los reconoceremos. Ahí encontramos a Dios escuchándolos, tanto como escuchaba a nuestros antepasados bíblicos.

La lectura y el estudio de la Biblia en comunidad son una poderosa manera de conversar con Dios. La Biblia es testimonio de una comunidad, mejor dicho, de diversas comunidades. Los patriarcas y matriarcas, los profetas, los discípulos y los apóstoles, y todos los otros líderes de que habla la Biblia eran líderes de comunidades: patriarcas y matriarcas de extensos clanes, y discípulos y apóstoles enviados a guiar grupos enteros de cristianos. Jesús se rodeó de gente. Jesús pudo haber sido un asceta en la cúspide de una alta montaña, un hermitaño solitario. Pero no, Jesús caminó en su comunidad. Su mensaje iba dirigido a ella. Y hoy día el mensaje de Jesucristo sigue siendo dirigido a nuestras comunidades.

En comunidad encontramos nuestro poder al relacionarnos los unos con los otros por medio de los gozos y padecimientos que disfrutamos y sufrimos en común y, lo más importante, a través del mensaje bíblico que toca, desafía y transforma nuestras circunstancias como comunidad. ¿Cuáles son esas circunstancias que han de ser tocadas por el mensaje bíblico y desafiadas y transformadas por él? ¿Qué nos oprime como comunidad? ¿Qué substrae de la vida abundante que Dios quiere para nosotros como pueblos creados por las manos divinas? ¿Cómo oímos el mensaje de la Biblia en términos de nuestra situación como comunidad? ¿Qué palabras oímos, que nos dan poder como pueblo digno de justicia, tan digno de dar y recibir justicia como el pueblo de Israel en la Biblia? ¿Qué le dicen las palabras de los profetas a nuestro pueblo? ¿A qué arrepentimiento está siendo llamado en este momento histórico? ¿Cómo está Dios caminando con nuestro pueblo por los senderos en que andamos? ¿Cómo nos sostiene como lo hizo por Israel? ¿A qué nos desafía como desafió a Israel? ¿Qué significa para nuestro pueblo, en estos momentos, la muerte y resurrección de Jesús? Conversar con Dios juntos, en comunidad, sobre estas preguntas y otras que tenemos en común, no sólo nos une como comunidad, sino que une nuestra comunidad más estrechamente con la voluntad divina hacia ella.

A través de nuestra fe, nuestra honesta comunicación y conversación con Dios sobre nuestras propias circunstancias –mientras leemos las historias bíblicas– puede llevarnos nada menos que a entrever la voluntad de Dios para nosotros. Discernir la palabra divina como respuesta a nuestras preguntas llenas de honesta humanidad será el mayor fruto de nuestra lectura y estudio. Es esencial en nuestro estudio conversar con Dios, traer nuestra humanidad y todas las circunstancias de nuestras vidas, ya sean individuales o sociales, al Dios que las entiende, y escuchar la palabra que guía y da poder y salva.

Sin esta conversación se nos pasaría por alto el verdadero autor del texto bíblico: no los autores que redactaron los pasajes, sino el autor que a través de su voluntad, de su amor y de su fidelidad a sus criaturas, anduvo con ellas como anda con nosotros en nuestros caminos. El hablar nosotros y el escuchar a Dios entre las líneas del texto bíblico, la honesta, humana y total conversación con Dios, hace la Biblia verdaderamente nuestra. Conversar es mucho más que leer y estudiar; es hacer el texto bíblico nuestro texto; es ver los caminos de nuestros antepasados de fe como los caminos en que Dios anduvo con ellos, y es ver esos caminos como aquellos de los cuales provenimos. Así podemos hacer nuestros propios caminos y seguir en ellos con fe.

## Oración

Reflexionar sobre el trasfondo del texto y conversar con Dios sobre él con honesta humanidad nos da entendimiento y nos deja oír la voz de Dios hablándonos. Nuestros momentos de lectura nos inspirarán. Mas, ¿cómo abrir nuestro espíritu, nuestro corazón a expresar una honestidad total a Dios, y cómo poder oír el desafío y la llamada a una transformación que quizás nos sea dura?

El camino de Israel, el camino de Jesús, el camino de Pablo, el camino de las primeras congregaciones cristianas no fue fácil. A veces oímos a Dios en el texto desafiándonos a caminar con fe por caminos escarpados que preferiríamos evitar. A veces es más cómodo seguir por caminos que no nos benefician como individuos o comunidades, pero que nos son cómodos por ser los que conocemos bien. La Biblia nos desafía. Así lo hacen los profetas de Israel; así lo hace Jesús; así lo hace Pablo. Así fue desafiado el pueblo de Israel, y así somos desafiados nosotros cada día. Es difícil oír la palabra que nos desafía y apunta hacia nuestra transformación. Aun cuando la palabra es de total perdón desde la cruz, es difícil aceptar ese perdón por nuestros propios pecados y sentirnos habilitados para nueva y abundante vida.

En oración a Dios, mientras leemos, podemos rogar para que Dios nos capacite para conversar con Dios con honestidad, para oír lo que Dios nos comunica en el texto por difícil que sea, y para caminar con Dios por nuestros caminos mientras el mensaje bíblico da fruto en nuestras vidas. Sólo con la ayuda de Dios, sólo con la constante oración para que Dios nos sostenga en su poder y fidelidad, podemos abrirnos plenamente al mensaje divino y perseverar en lo que leemos y estudiamos en la Biblia. Esto no es un secreto. Los momentos de inspiración son sólo momentos. Para que los momentos duren a través de nuestras vidas, para recordar nuestra conversación con Dios, hemos de perseverar en la oración. Por eso, todo el que ha pasado por esta experiencia nos recomienda que leamos la Biblia regularmente y oremos sobre su mensaje y su poder en nuestras vidas.

Como se dijo otro capítulo, la Biblia no es un libro sólo de datos. La Biblia es la colección de libros del testimonio sobre la vida de fe de nuestros antepasados. Cuando adoptamos una disciplina regular de lectura, reflexión, conversación y oración con Dios sobre el texto bíblico, nuestra fe se mantiene cerca de Dios y su voluntad para nosotros se nos revela día a día. Si no, es muy probable que nos apartemos poco a poco de la inspiración momentánea de un cierto día.

En la Biblia misma tenemos el testimonio de muchos sobre el poder de la oración y cómo nos sostiene en la fe y en nuestra relación con el Dios bíblico. Citemos algunos ejemplos.

En el Salmo 106 el salmista pide a Dios en oración:
«Acuérdate de mí, Jehová,
según tu benevolencia para con tu pueblo;
visítame con tu salvación,
para que yo vea el bien de tus escogidos,
para que me goce en la alegría de tu nación
y me gloríe con tu heredad» (4-5).

Así pide el salmista a Dios que le recuerde los beneficios que ha dado a Israel: «la benevolencia» de Dios hacia su pueblo, «el bien» que le ha concedido a su pueblo escogido y «la alegría y heredad» que le ha dado a «su nación». O sea, la oración del salmista se fundamenta en esa historia de la presencia de Dios en el camino del pueblo. De ahí procede entonces el salmo a delinear los momentos históricos en que Dios marcaba el destino de Israel, cómo lo castigaba por sus pecados y cómo lo volvía a perdonar una y otra vez a través de su poder y misericordia. Al igual que nosotros cuando leemos los eventos bíblicos, el salmista recuerda la historia del pueblo en su oración:

«Pecamos nosotros, como nuestros padres;
hicimos maldad, cometimos impiedad.
Nuestros padres, en Egipto,
no se acordaron de la muchedumbre de tus misericordias,
sino que se rebelaron junto al mar, el Mar Rojo.
Pero él los salvó por amor de su nombre,
para hacer notorio su poder.
Reprendió al Mar Rojo y lo secó,
y los hizo ir por el abismo como por un desierto.
Los salvó de manos del enemigo,
y los rescató de manos del adversario.
Cubrieron las aguas a sus enemigos;
¡no quedó ni uno de ellos!
Entonces creyeron a sus palabras
y cantaron su alabanza.

Bien pronto olvidaron sus obras;
no esperaron su consejo.
Se entregaron a un deseo desordenado en el desierto
y tentaron a Dios en la soledad.
Él les dio lo que pidieron,
pero envió mortandad sobre ellos» (6-15).

El salmo recuerda entonces la envidia que el pueblo le tuvo a Moisés, la idolatría ante los dioses de otros pueblos, la sangre de sus propios hijos e hijas que les ofrecían en sacrificio a esos dioses ajenos. Entonces continúa el salmista recordando la fidelidad y misericordia de Dios con el pueblo tras su furor por esos pecados:

«Se encendió, por tanto, el furor de Jehová contra su pueblo
y abominó su heredad;
los entregó en poder de las naciones
y se enseñorearon de ellos los que los detestaban.
Sus enemigos los oprimieron
y fueron quebrantados debajo de su mano.
Muchas veces los libró,

pero ellos se rebelaron contra su consejo
y fueron humillados por su maldad.
Con todo, él miraba cuando estaban en angustia,
y oía su clamor;
se acordaba de su pacto con ellos
y se compadecía conforme a la muchedumbre de su misericordia.
Hizo asimismo que tuvieran de ellos misericordia
todos los que los tenían cautivos» (40-46).

A base de esa fidelidad y misericordia de Dios, el salmista confía entonces en su Dios, el Dios de la historia de Israel, para rogar por la reunificación del pueblo:
«Sálvanos, Jehová, Dios nuestro,
y recógenos de entre las naciones,
para que alabemos tu santo nombre,
para que nos gloriemos en tus alabanzas.
¡Bendito Jehová, Dios de Israel,
desde la eternidad y hasta la eternidad!
Diga todo el pueblo: "Amen", "Aleluya"» (47-48).

Como el salmista, cuando nosotros leemos la Biblia y reflexionamos en cómo ha estado Dios con su pueblo, y cuando conversamos con Dios honestamente sobre cómo nuestras circunstancias humanas son semejantes a las de nuestros antepasados, podemos orar como en el Salmo 106 para que «nuestro Dios» nos encamine en nuestras vidas para su alabanza y gloria. ¿En qué idolatrías hemos caído, a qué Moisés envidiamos y desobedecemos, cómo es que nos rebelamos en contra de la voluntad divina? Con confianza ante un Dios misericordioso, oraremos para que nuestras vidas cumplan su voluntad, y la compartiremos con nuestros hermanos y hermanas en la fe.

En Juan 17, Jesús ora por sus discípulos antes de ser arrestado y llevado a la cruz. Cuando «llega la hora», Jesús ruega al Padre que guarde a los discípulos que han oído su palabra y han conocido al Padre por medio de él:

«He manifestado tu nombre a los hombres que del mundo me diste; tuyos eran, y me los diste, y han guardado tu palabra. Ahora han conocido que todas las cosas que me has dado proceden de ti, porque las palabras que me diste les he dado; y ellos las recibieron y han conocido verdaderamente que salí de ti, y han creído que tú me enviaste.

Yo ruego por ellos; no ruego por el mundo, sino por los que me diste, porque tuyos son, y todo lo mío es tuyo y lo tuyo mío; y he sido glorificado en ellos.

Ya no estoy en el mundo; pero estos están en el mundo, y yo voy a ti. Padre santo, a los que me has dado, guárdalos en tu nombre, para que sean uno, así como nosotros. Cuando estaba con ellos en el mundo, yo los guardaba en tu nombre; a los que me diste, yo los guardé y ninguno de ellos se perdió, sino el hijo de perdición, para que la Escritura se cumpliera [se refiere aquí a Judas Iscariote, el discípulo traidor que lo vendió por un puñado de monedas].

Pero ahora vuelvo a ti, y hablo esto en el mundo para que tengan mi gozo completo en sí mismos. Yo les he dado tu palabra, y el mundo los odió porque no son del mundo, como tampoco yo soy del mundo. No ruego que los quites del mundo, sino que los guardes del mal. No son del mundo, como tampoco yo soy del mundo. Santifícalos en tu verdad: tu palabra es verdad. Como tú me enviaste al mundo, así yo los he enviado al mundo. Por ellos yo me santifico a mí mismo, para que también ellos sean santificados en la verdad» (6-19).

Jesús ora así para que Dios les dé perseverancia en la palabra que han oído de su boca. Jesús se preparaba para dejarlos, pero les dejaba su palabra, así como a nosotros, y oraba para que perseveraran en ella con la ayuda de Dios.

Jesús no ora sólo por los discípulos que físicamente escucharon la palabra de su misma boca, sino por todos nosotros quienes la oímos a través de la historia. También hemos de notar que ahora nosotros somos esos discípulos que estudiamos y transmitimos la palabra invitando a otros a estudiar la Biblia con nosotros. Por todos nosotros también, y por todos los que se acercarán en el futuro a escuchar la palabra por el testimonio de nuestras vidas y nuestras acciones, Jesús continúa orando:

«Pero no ruego solamente por estos, sino también por los que han de creer en mí por la palabra de ellos, para que todos sean uno; como tú, Padre, en mí y yo en ti, que también ellos sean uno en nosotros, para que el mundo crea que tú me enviaste» (20-21).

En esta oración podemos encontrar sostén y confianza para nuestro estudio de la palabra de Dios. A la misma vez, podemos sentir el acompañamiento de Jesucristo en nuestros esfuerzos por invitar a otros a oír esa palabra y estudiarla.

En la práctica usual del apóstol Pablo también podemos apreciar cómo él oraba por cada una de las congregaciones a las que dirigía sus cartas. Pablo acostumbraba a comenzar sus cartas con su propia identificación (como era usual en ese tiempo), un saludo (como todavía es usual), y con una mención de la oración de acción de gracias que él solía ofrecer a Dios por la fe de la congregación. Por ejemplo, veamos cómo Pablo se refiere a cómo oraba para que Dios mantuviera «firmes hasta el fin» a los creyentes en Corinto:

«Gracias doy a mi Dios siempre por vosotros, por la gracia de Dios que os fue dada en Cristo Jesús, pues por medio de él habéis sido enriquecidos en todo, en toda palabra y en todo conocimiento, en la medida en que el testimonio acerca de Cristo ha sido confirmado entre vosotros, de tal manera que nada os falta en ningún don mientras esperáis la manifestación de nuestro Señor Jesucristo, el cual también os mantendrá firmes hasta el fin, para que seáis irreprensibles en el día de nuestro Señor Jesucristo. Fiel es Dios, por el cual fuisteis llamados a la comunión con su Hijo Jesucristo, nuestro Señor» (1Co 1.4-9).

Como Pablo, cuando estudiamos la Biblia también nosotros podemos orar para que la palabra bíblica que leemos y estudiamos nos mantenga a nosotros y a todos nuestros hermanos y hermanas firmes en la fe a través de «la gracia de Dios que [nos] fue dada en Cristo Jesús».

A veces, como el joven rey Salomón, no sabemos «ni cómo entrar y salir» de algunas de las intricadas relaciones entre las historias bíblicas y las historias de nuestra vida. Le traemos a Dios en honesta conversación nuestros más hondos abismos humanos, pero a veces nos es difícil discernir cómo la palabra bíblica se relaciona con esos abismos. Como Salomón, también podemos orar a Dios para que nos dé sabiduría y conocimiento para leer su palabra. Salomón oró pidiendo sabiduría para gobernar a Israel y «distinguir entre lo bueno y lo malo» así:

«Tú has tenido gran misericordia con tu siervo David, mi padre, porque él anduvo delante de ti en verdad, en justicia y rectitud de corazón para contigo. Tú le has reservado esta tu gran misericordia, al darle un hijo que se sentara en su trono, como sucede en este día. Ahora pues, Jehová, Dios mío, tú me has hecho rey a mí, tu siervo, en lugar de David, mi padre. Yo soy joven y no sé cómo entrar ni salir. Tu siervo está en medio de tu pueblo, el que tú escogiste; un pueblo grande, que no se puede contar por su multitud incalculable. Concede, pues, a tu siervo un corazón que entienda para juzgar a tu pueblo y discernir entre lo bueno y lo malo, pues, ¿quién podrá gobernar a este pueblo tuyo tan grande?» (1 R 3. 6-9).

Salomón como nuevo rey, se encuentra en una situación de responsabilidad hacia el pueblo, pero se siente incapaz ante tal responsabilidad y teme no poderla cumplir. Nosotros, en este momento histórico y en los lugares en que nos encontramos, también somos responsables de nuestros hermanos y hermanas en la fe. Ahora estamos sentados, como Salomón en el trono de su padre David, en el lugar de nuestros antepasados en la fe. Como ellos, ahora es nuestro momento de estudiar con otros la palabra de fe que gracias a otros ha llegado a nosotros. ¿Cómo la palabra bíblica –a través de nuestro estudio– nos puede ayudar a cumplir nuestra responsabilidad, no sólo como creyentes individuales, sino también como pueblo de fe, los unos con los otros? A Dios, como Salomón, podemos pedirle sabiduría. A Salomón Dios le concedió sabiduría y conocimento y hasta le dio recursos que Salomón no había pedido. También a nosotros Dios nos oirá. Es inmensamente sorprendente cómo Dios nos da entendimiento para comprender y compartir su palabra bíblica con otros. Oremos y veamos de cuántas inesperadas maneras Dios así lo hace.

En la oración de gracias a Dios que Ana hace en ocasión de la dedicación de su hijo Samuel, también podemos ver el poder de la oración. Samuel tendría un gran papel en el destino de la dinastía davídica. Ana, en su aflicción por su esterilidad y en su humillación por ella, había orado apasionadamente a Dios por un hijo. Cuando Dios se lo dio, ella se lo dedicó al Señor dejándolo, después de que no necesitaba ya darle el pecho, con el sacerdote Elí al servicio de Dios. Ella ora entonces en alabanza al poder de Dios:

«Mi corazón se regocija en Jehová,
mi poder se exalta en Jehová;
mi boca se ríe de mis enemigos,

por cuanto me alegré en tu salvación.
No hay santo como Jehová;
porque no hay nadie fuera de ti
ni refugio como el Dios nuestro.

El guarda los pies de sus santos,
mas los impíos perecen en tinieblas;
porque nadie será fuerte por su propia fuerza» (1 S2. 1-2, 9).

El testimonio de Ana se fundamenta en su oración. Ella reconoce la fuerza de la oración, y su cántico de acción de gracias nos recuerda que «no somos fuertes por nuestra propia fuerza», sino por la de Dios. En oración, le podemos pedir a Dios, como Ana, que interceda en nuestras vidas a través de su palabra para que podamos ofrecer los frutos de nuestro estudio a nuestro Dios y a nuestra comunidad, como Ana ofreció a su hijo. Más que nada, podemos, como Ana, humildemente reconocer que por nosotros mismos no podemos engendrar y dar a luz los frutos de nuestro estudio de la Biblia, sino solamente a través de la oración y del poder de Dios. En oración podemos pedir que Dios nos dé fe, dedicación y fuerza suficientes para que fructifique su palabra en nuestra vida y en la de nuestro pueblo.

## Acción

Nuestra acción se proyecta desde la oración:
«Muéstrame, Jehová, tus caminos;
enséñame tus sendas.
Encamíname en tu verdad y enséñame,
porque tú eres el Dios de mi salvación;
en ti he esperado todo el día» (Sal 25. 4-5).

De la oración que pide a Dios que nos encamine en la senda de su voluntad –la suya y no la de dioses ajenos e ilusorios–pasamos a actuar enfrentándonos a los desafíos de la palabra de Dios. Reflexionamos en el contexto del texto bíblico, le llevamos a él nuestras más honestas interrogantes humanas y oramos que Dios nos capacite para actuar de acuerdo a su voluntad manifestada en el texto. Y después, ¿qué? ¿Qué sería enterarnos en la Biblia que Dios quiere justicia, si sólo hacemos un apunte mental de ello y no nos ocupamos de nada que tenga que ver con ella? ¿Qué sería llevar al texto bíblico nuestras angustias y temores humanos, y dejarlos ahí sin hacer mayor esfuerzo hacia la transformación de nuestras circunstancias? ¿Qué sería orar pidiendo vida nueva y abundante mientras nos quedamos cómodamente empantanados en fango inmovilizador? ¿Qué sería estudiar sobre el amor de Dios y el amor al prójimo, y no amar? El desafío de la Biblia no es meramente un desafío intelectual, sino que es un desafío de acción viviente. Los profetas de Israel no desafiaban al pueblo a pensar o creer de cierta manera, sino a actuar de diferente manera. Nuestra fe es regalo de Dios. Con esa fe nos acercamos a la Biblia. La Biblia nos llama a actuar de acuerdo a la voluntad de Dios que vemos manifestada en el texto bíblico. Dios es un Dios de acción. En la Biblia Dios crea y acompaña a Israel, envía a su Hijo a ser parte de nosotros, a enseñarnos los secretos de la palabra divina, a morir y a resucitar por nuestra vida. Dios les da poder a sus discípulos y a sus apóstoles y los envía a las naciones para transformarlas de acuerdo a su palabra.

El espíritu divino nos capacita para la acción a través de la oración, y es así que nuestra fe se manifiesta en lo concreto de nuestra vida. Anteriormente hemos enfatizado el tema bíblico de la liberación. Hemos de notar que la liberación bíblica no es solamente *de* la opresión y el exilio, sino que es aun *para* servir a Dios. Somos liberados por la palabra de Dios para servir a Dios. Israel fue repetidamente liberado para actuar como pueblo de su Dios. Jesucristo nos libera del pecado en la cruz y nos capacita para vivir abundantemente en su resurrección. Servimos los designios divinos para la vida abundante como criaturas de Dios, redimidas por Jesucristo, cuando actuamos en formas justas hacia otros o reclamamos justicia para nuestro propio pueblo, amando y mostrando la misericordia divina en nuestras relaciones con nuestro prójimo, y caminando siempre humildemente en la voluntad del Dios, de quien procede nuestra vida, nuestra fe y nuestra salvación. Como nos dice el profeta Miqueas:

> «…lo que pide Jehová de ti:
> solamente hacer justicia,
> amar misericordia
> y humillarte ante tu Dios» (Miq 6.8).

Esta simple trilogía ética está repleta de posibilidades de acción con la ayuda de Dios.

No actuamos para salvarnos o para ganar el amor de Dios. Dios nos ama como amaba a Israel aun cuando se apartaba de su camino olvidándose de actuar como su pueblo, y Dios lo volvía a rescatar una y otra vez. Dios nos ama tanto que envió a su propio hijo a morir por nosotros. Nuestras acciones son precisamente la manifestación del amor de Dios en nuestras vidas. Amamos porque Dios nos amó primero. Vivimos y actuamos de maneras que demuestran el amor de Dios hacia nosotros. Ese amor nos llama a vivir en dignidad y a velar por la dignidad de otros. Si hay obstáculos para que esa dignidad como hijos e hijas de Dios se manifieste en nuestras vidas o en la de nuestro pueblo, Dios nos da poder a través de su palabra para proclamar su voluntad en nuestras acciones. Que Dios nos ayude a vivir y actuar de acuerdo a su voluntad de amor y justicia.

*Capítulo 7*

# Ejemplos de cómo estudiar la Biblia contextualmente

En muchas ocasiones en este libro hemos enfatizado el contexto de nuestra lectura y de nuestro estudio de la Biblia. Mientras hemos mantenido el contexto del lector y del texto mismo como marco fundamental de nuestro estudio, en los capítulos anteriores nos hemos concentrado en cómo la Biblia se puede leer y estudiar como palabra de Dios, como literatura sagrada, como testimonio histórico, como llamado a liberación, como espejo de Dios, y como fundamento de vida devocional. En cada una de esas maneras de leer, estudiar y vivir la Biblia, el contexto desde el que se lee, se estudia y se vive es primordial. Del contexto proviene y al contexto se refiere el mensaje de Dios en nuestras escrituras sagradas. Sin recapitular los detalles definitorios de los capítulos anteriores, ni añadir necesariamente los múltiples ángulos de lectura y estudio presentados en ellos, dibujaremos aquí situaciones reales de recepción contextualizada del mensaje bíblico por hombres, mujeres y jóvenes latinos en los Estados Unidos. Tomaremos como ejemplo el estudio de algunos pasajes bíblicos para ilustrar cómo un enfoque contextual puede ser aplicado a situaciones particulares de individuos y comunidades. Los ejemplos presentarán solamente un solo ángulo de discusión, el ángulo contextual. En las situaciones en que se dieron, el estudio de cada pasaje incluyó más amplitud que la que presentaremos aquí. Las situaciones son reales y conocidas por la autora. Los nombres y otros detalles distintivos o no se mencionan o se han cambiado para proteger a los participantes de los estudios bíblicos.

Como el énfasis que usaremos es, como se ha dicho, un énfasis contextual, hemos de describir el contexto interpretativo. Para eso hemos de detallar la situación vital de individuos y/o comunidades que leyeron y estudiaron los textos bíblicos que hemos escogido como ejemplos. Los contextos descritos no han de ser tomados como aplicables a todo individuo o a toda comunidad. Esos contextos se usan aquí como ejemplos ilustrativos de la lectura y estudio enfocados en una situación vivencial particular. Se invita a los lectores a aplicar el texto a su contexto vital, que puede ser semejante o diferir de los contextos descritos.

## Mateo 18. 21-35

«Entonces se le acercó Pedro y le dijo:

—Señor, ¿cuántas veces perdonaré a mi hermano que peque contra mí? ¿Hasta siete?

Jesús le dijo:

—No te digo hasta siete, sino aun hasta setenta veces siete.

Por lo cual el reino de los cielos es semejante a un rey que quiso hacer cuentas con sus siervos. Cuando comenzó a hacer cuentas, le fue presentado uno que le debía diez mil talentos. A este, como no pudo pagar, ordenó su señor venderlo, junto con su mujer e hijos y todo lo que tenía, para que se le pagara la deuda. Entonces aquel siervo, postrado, le suplicaba diciendo: "Señor, ten paciencia conmigo y yo te lo pagaré todo". El Señor de aquel siervo, movido a misericordia, lo soltó y le perdonó la deuda.

Pero saliendo aquel siervo, halló a uno de sus consiervos que le debía cien denarios; y agarrándolo, lo ahogaba, diciendo: "Págame lo que me debes". Entonces su consiervo, postrándose a sus pies, le rogaba diciendo: "Ten paciencia conmigo y yo te lo pagaré todo". Pero él no quiso, sino que fue y lo echó en la cárcel hasta que pagara la deuda. Viendo sus consiervos lo que pasaba, se entristecieron mucho, y fueron y refirieron a su señor todo lo que había pasado. Entonces, llamándolo su señor, le dijo: "Siervo malvado, toda aquella deuda te perdoné, porque me rogaste. ¿No debías tú también tener misericordia de tu consiervo, como yo tuve misericordia de ti?". Entonces su señor, enojado, lo entregó a los verdugos hasta que pagara todo lo que le debía. Así también mi Padre celestial hará con vosotros, si no perdonáis de todo corazón cada uno a su hermano sus ofensas» (Mt 18. 21-35).

Tomemos el siguiente contexto interpretativo de una lectora específica que lee este pasaje –en un grupo de estudio bíblico de mujeres facilitado por una capellana– una mañana por semana en una cárcel del condado. Josefina es una mujer latina de treinta y cinco años, casada, con dos niños a quienes extraña muchísimo. Ha estado aguardando su juicio por más de seis meses en una cárcel del condado. Hace poco que asiste al grupo de estudio bíblico. Lo empezó a hacer con mucha vacilación aunque la capellana la animaba cada vez que la veía. Ahora viene, pero muy esporádicamente. Hoy volvió después de tres semanas y está ahí, en el grupo, pero como casi siempre, parecía un poco acongojada y alicaída. Sin embargo, después que una voluntaria terminó de leer el texto de Mateo, Josefina se animó y empezó a hacer preguntas al grupo que demostraban un interés especial en este pasaje bíblico.

Una de sus preguntas fue: «¿Cuál sería el valor hoy en día de diez mil talentos?». Nadie, ni aun la capellana, sabía la respuesta, pero la capellana había llevado con ella varios recursos para tales eventualidades. Así que consultando el comentario bíblico sobre el libro de Mateo escrito por David Cortés-Fuentes para la presente serie *Conozca su Biblia*, pudo encontrar la respuesta a la pregunta de Josefina en la sección pertinente al pasaje bíblico que acababan de leer. Una joven del grupo leyó ahí: «Mientras un talento equivale al salario de quince años de trabajo, cien denarios equivalen al salario de tres meses».

Josefina, pensativa, comentó en voz casi inaudible: «Perdonar el valor del salario de quince años, es mucho perdonar». «Bueno», dijo otra de las mujeres en el grupo, «ese es el punto de esta historia, ¿no? Que el rey le perdonó mucho a ese hombre y ese hombre no le perdonó mucho menos a otro». «Sí, eso está más claro que el agua», replicó Josefina, «que el hombre que fue perdonado debía haber perdonado al que le debía dinero a él también, y que hay que perdonar más de siete veces por setenta si es necesario. Pero yo no creo que Dios quiera eso siempre. Yo he estado pensando mucho ahora que estoy aquí, y lo único que hago es pensar y pensar. Yo he perdonado a mi marido un montón de veces y él sigue pegándome cuando le da la gana. Una vez fui a ver a un cura y me leyó este mismo pedazo de la Biblia y me dijo: "hija, haz de perdonar como Dios nos ha perdonado". Y yo fui y perdoné a mi marido otra vez. Pero, ¿sabes qué? Ahora ya no más, ni que Dios me diga que lo perdone, pues mi marido está hundiendo mi vida y mis hijos están creciendo mirando toda esa violencia. Yo ya lo voy a dejar, diga lo que diga nadie. Quizás Dios me perdonará a mí por dejarlo, pero ya no puedo más, mira hasta dónde me tiene, y mis hijos están tirados por ahí. Tuve hasta que robar por dinero para pagar un hotel, porque yo no quería que volviéramos a la casa con ese…», terminó entre sollozos.

Después de un silencio respetuoso, otras mujeres ofrecieron comentarios semejantes sobre abusos en sus vidas, y algunas también confesaron que les era muy difícil perdonar a los que habían abusado de ellas. Una de las mujeres volvió a leer partes del texto de Mateo para ver si decía algo sobre el arrepentimiento, pues se había preguntado si el perdón debía ir mano a mano con el arrepentimiento sincero que lleva a la transformación del comportamiento de una persona. Ella había dicho: «sí, hay muchos que piden perdón, pues dicen que se arrepienten, pero no intentan ni por un momento cambiar o hacer nada para ayudarse a cambiar, a ver si dice algo aquí en este libro [el comentario bíblico que ya habían consultado antes] acerca de eso».

Y sí, en la sección del comentario sobre Mateo 18. 21-22 sobre el perdonar setenta veces siete si es necesario, ella encontró escrito lo siguiente: «Es importante no pasar por alto el contexto de esta declaración de Jesús. Esta sección sobre el perdón ha sido utilizada en la tarea pastoral con una perspectiva legalista para afirmar que todas las personas deben estar dispuestas a perdonar siempre. Sin embargo, el contexto literario requiere que el perdón se entienda como parte del proceso de la disciplina y la reconciliación. No es perdón gratuito para quien, sin consideración alguna, lleva a cabo una conducta abusiva y destructiva. El perdón que se ofrece es perdón en reconciliación y solidaridad». «Eso es», exclamó la que leía, «eso es lo mismo que yo creo, que el perdón, como dice aquí no es gratuito, sino que el perdón no significa nada si no hay reconciliación». La capellana asentía con la cabeza, y añadió: «Así es el perdón de Dios que nos ofreció desde la cruz de su Hijo Jesucristo. Dios nos perdona nuestros pecados y restaura la relación con nosotros. Si una persona ha roto una y otra vez esa relación a través de su abuso hacia nosotros, y no toma responsabilidad por esa ruptura, Dios no nos está pidiendo aquí que nosotros restauremos la relación abusiva. Como dice aquí en el comentario bíblico, esta sección de Mateo es parte de una sección más amplia del libro de Mateo que tiene que ver con las relaciones entre miembros de la comunidad eclesial. El «hermano» a que Pedro se refiere en su pregunta en el versículo 21, «Señor, ¿cuántas veces perdonaré a mi hermano que peque contra mí?», es otro miembro de su comunidad de fe, no un marido abusivo.

En esta conversación, ocurrida en un estudio bíblico que se dio en una cárcel del condado, podemos ver la importancia de los contextos –tanto el contexto literario como el contexto vital de la persona– para el estudio e interpretación de la Biblia. También podemos apreciar cómo la lectura en conjunto enriquece la experiencia de la palabra de Dios al hermanar sentimientos y situaciones vivenciales de los creyentes que juntos se acercan a las páginas bíblicas con fe y con el corazón abierto. ¡Cuántas personas vivirán atormentadas porque creen que no son dignas de llamarse cristianas porque no pueden perdonar y volver a vivir con alguien que abusa de ellas! Pero, como hemos argumentado, la lectura y el estudio de la Biblia no son cuestión de leer las palabras desnudas en la página, desconectadas de contextos de significado.

El segmento de Mateo que hemos leído, como algunos de otros libros de la Biblia, ha sido muy malinterpretado por muchos, con consecuencias terribles y a veces hasta fatales para muchas mujeres y niños. La honesta conversación en un grupo de mujeres creyentes y la ayuda de un comentario con sensibilidad a la situación de abuso, pudieron en este caso ayudar a estas mujeres a identificar los contextos de significados que eran relevantes para sus vidas. Para Josefina, el estudio en conjunto y la solidaridad de experiencia y sentimientos con sus compañeras le dieron poder para afirmar su decisión de buscar recursos de sostén para ella y sus niños para poder mantenerlos cuando salió de la cárcel, sin tener que depender del hombre que la maltrataba, ni tener que robar para pagar un hotelucho de día a día. Lo que es importante es que Josefina no tuvo que continuar sintiendo que el reclamar su dignidad como criatura amada por Dios –rehusando quedarse en una situación altamente perjudicial para su estado físico y emocional (tanto para ella como para los de sus hijos)–, estaba en contra de la voluntad de Dios.

Jesucristo murió en la cruz para el perdón de nuestros pecados y nos restauró a todos en nuestra relación con Dios; sí, hasta al esposo de Josefina. Pero la relación de Josefina y su abusivo esposo no se había podido restablecer aunque ella lo había perdonado muchas veces. El perdón de Josefina, obviamente, no significaba nada para su esposo. Ella había tratado de restaurar la relación al perdonarlo, pero ella se dio cuenta, al leer la Biblia con un grupo de mujeres, que si la relación no se puede restaurar, el perdón resulta «gratuito», como decía el comentario bíblico sobre el pasaje de Mateo.

El pasaje de Mateo se refiere a un contexto entre hermanos y hermanas en una comunidad de fe. Sabemos que en ese, como en tantos otros contextos, las rencillas, las envidias, las recriminaciones entre miembros de una congregación, entre miembros de una familia, entre compañeros de trabajo, o entre vecinos, suceden en realidad. En esos contextos, el texto de Mateo nos recuerda que, como Dios nos perdonó tanto, nosotros también hemos de perdonar a otros. A través de Jesucristo en su muerte en la cruz, gozamos del perdón de Dios y del restablecimiento de la relación con Dios. Viviendo en esa relación podemos tender la mano en perdón para sanar rupturas de las relaciones que pueden ser restablecidas. Josefina había tratado demasiadas veces. Era obvio que la relación con su esposo no había podido restablecerse con integridad y dignidad para ella. Pero ella, como todos nosotros, tendría abundantes ocasiones de perdonar a otros y gozar de relaciones renovadas y sanadas con esas otras personas. Dios nos da su ejemplo. En relación con Dios, podemos vislumbrar relaciones renovadas y reactivadas por el amor de Dios. Y mientras no sea cuestión de abuso, el perdón muchas veces necesita insistir más de siete veces hasta que una relación sea restablecida.

En el caso de Josefina, el contexto literario del pasaje y el contexto vital tanto de Josefina como de otras de la mujeres en el grupo de estudio bíblico, ayudaron a interpretar y aplicar el mensaje del texto bíblico. Pasemos ahora a ver otro caso en el que la lectura contextual de un texto resulta esencial en nuestro estudio de la Biblia.

## Marcos 7. 24-30

«Levantándose de allí, [Jesús] se fue a la región de Tiro y de Sidón. Entró en una casa, y no quería que nadie lo supiera; pero no pudo esconderse.

Una mujer, cuya hija tenía un espíritu impuro, luego que oyó de él vino y se postró a sus pies. La mujer era griega, sirofenicia de origen, y le rogaba que echara fuera de su hija al demonio. Pero Jesús le dijo:

"Deja primero que se sacien los hijos, porque no está bien tomar el pan de los hijos y echarlo a los perros".

Respondió ella y le dijo:

"Sí, Señor; pero aun los perros, debajo de la mesa, comen de las migajas de los hijos".

Entonces [Jesús] le dijo:

"Por causa de esta palabra, vete; el demonio ha salido de tu hija". Cuando la mujer llegó a su casa, halló a la hija acostada en la cama, y que el demonio había salido de ella».

Un grupo de jóvenes latinos acababa de leer este pasaje. El Director de jóvenes de la iglesia se disponía a facilitar la discusión sobre el texto. Antes de que pudiera hacer ninguna pregunta, uno de los jovencitos exclamó: «Este Jesús no se parece a Jesús, se parece más a mi vecino». Los demás muchachos en el grupo tomaron esa oportunidad para reírse y disipar su energía encasillada en los pupitres de la clase de confirmación. El Director de los jóvenes trató de tomar las riendas de la discusión entonces, y preguntó: «¿Cómo es que Jesús se parece a tu vecino en este pasaje?». El joven contestó: «Ese vecino es un tipo muy pesado y siempre está insultando a toda la gente que no es como él. Es bien racista». Con esta motivación, los jóvenes y el Director de jóvenes de la iglesia entablaron una discusión muy honesta sobre este texto. Con la ayuda de recursos de estudios bíblicos como comentarios y diccionarios, los jóvenes sacaron mucho provecho de su diálogo sobre este pasaje.

Primero descubrieron que la mujer que vino molestando a Jesús cuando él quería descansar era despreciada por los judíos, pues ella no lo era. Además era mujer y en ese entonces una mujer no debía salir de su casa y menos a rogarle a un hombre como ella le rogó a Jesús por la salud mental de su hija. El joven que comparó a Jesús con su vecino había notado precisamente que Jesús no parecía aceptar a aquella mujer por ser griega y no judía, y hasta quizás por ser mujer, como su vecino no aceptaba a los que eran diferentes a él. Jesús comparó a la mujer con un perro y, según lo que decía el comentario bíblico, los judíos no estimaban a los perros, los cuales no eran aceptados dentro de sus casas ni mimados como muchas otras culturas, incluso la nuestra, acostumbran a hacer. También descubrieron, sin embargo, tras larga discusión, que ellos mismos a veces hablaban despectivamente de otros compañeros en sus escuelas que eran diferentes a ellos racialmente. Les era tan difícil aceptar que Jesús excluyera a una persona, como articular en el grupo que ellos también excluían a otros por razones insignificantes como el color de la piel. Algunos de los jovencitos confesaron sentir vergüenza al articular su prejuicio contra otros. Otros jóvenes reconocían que tenían prejuicios sobre otros grupos raciales en su escuela, pero insistían en encontrar razones para justificar su actitud exclusivista y sospechosa.

El Director de jóvenes les animó a analizar el trozo bíblico en cuanto al cambio que Jesús demostró hacia la mujer. «¿Por qué?», preguntó uno de los jóvenes, «¿por qué Jesús cambió de parecer y le concedió a la mujer lo que pedía para la salud de su hija?».

Uno de los jóvenes estimaba que el cambio de parecer de Jesús se debió a que se dio cuenta de que la mujer griega reconocía su poder. Un joven leyó en el comentario sobre Marcos de esta serie (*Conozca su Biblia*) el recordatorio de que el evangelio de Marcos se había escrito *después de* que personas que no eran judías («gentiles», como eran llamadas) ya eran parte de la comunidad de fe. El relato del cambio de Jesús del exclusivismo al inclusivismo podía haberse citado como modelo para una comunidad de fe que todavía sentía la tensión de extenderse para incluir a otros.

Otro joven levantó la mano muy apresuradamente y en cuanto pudo dijo que lo que otros habían dicho era posiblemente correcto, pero que él creía que lo más importante era que la mujer desafió a Jesús diciéndole que aun los perros comían las migajas de la mesa, o sea, que ella sabía que era considerada como persona de segunda clase (como la palabra «perro» expresaba). Ella sabía que otros la despreciaban, pero quería ser respetada. Los jóvenes entendían muy bien el concepto de respeto, pues es muy importante en sus grupos. Muchos problemas y peleas habían empezado por la percepción de la falta de respeto de algún estudiante hacia otro. Los jóvenes hablaron mucho de sentirse no respetados por otros, pero también de no respetar a otros ellos mismos.

El Director de jóvenes aprovechó esta oportunidad y los desafió a cambiar como lo hizo Jesús, pues los otros individuos y grupos que estos estudiantes despreciaban merecían respeto, como ellos mismos, por ser hijos de Dios y hermanos de Jesús.

Los jóvenes hicieron varios chistes de los otros grupos, pero después de reírse, un muchachito que siempre era muy práctico dijo: «Así que, ¿qué?, ¿vamos a respetar a los otros grupos en la escuela o no? Porque si no, seguimos siendo como tu vecino o como los que no nos respetan a nosotros. Si Jesús cambió yo también puedo cambiar».

El Director pidió que alguien ofreciera una oración para terminar esa sección de estudio bíblico. El último joven que había hablado ofreció la oración y le pidió honestamente a Dios ayuda para no ser racista.

Cuando los estudiantes salieron de la clase, el Director le ofreció también una oración a Dios en privado. Le dio gracias a Dios porque los jóvenes, por lo menos algunos, habían asumido personalmente el desafío de ir en contra de la exclusión que practicamos por razones de prejuicios asumidos culturalmente. El Director se maravilló de cómo la discusión del pasaje se había desarrollado en este grupo de muchachos que pertenecían a un contexto de grupos raciales tendenciosos. Él no había planeado presentar el pasaje desde ese ángulo, sino desde el que él había aprendido a interpretar desde niño. A él siempre le habían presentado el pasaje de Marcos 7. 24-30 con el enfoque en la insistencia de la mujer. La enseñanza que él había derivado de ese enfoque era que si insistimos en pedirle a Dios lo que necesitamos, nos sería concedido. A veces tomará tiempo recibir la respuesta a nuestro ruego a Dios; pero si insistíamos, nos sería concedido. El Director había planeado presentar el mismo enfoque que él había aprendido, al grupo de confirmación, pero sólo con la comparación que uno de los estudiantes hizo al principio de la sección comparando a Jesús con su vecino racista, había cambiado completamente la dirección que el grupo siguió en su conexión con el pasaje. El Director nunca había visto al grupo participando tan intensamente en una discusión bíblica. «Quizás», se dijo a sí mismo, «lo mejor que puedo hacer es no tener una interpretación premeditada, sino es mejor que simplemente motive al grupo a escuchar por ellos mismos al pasaje y que ellos mismos hagan sus propias conexiones en su propio mundo». Esta idea del Director de jóvenes coincide espléndidamente con el estilo de estudio bíblico contextual. El resultado del estudio ese día había dejado huella en la vida devocional de por lo menos uno de los estudiantes de confirmación. El jovencito que dijo que iba a tratar de no insultar a otros muchachos en su escuela sólo por tener otro color de piel diferente al de él, iba a tratar de hacer mucho más que no insultar a otros:

iba a tratar de vivir su vida en el contexto de su escuela de un modo devoto. Y eso es lo que a fin de cuentas era lo que el Director quería enseñarle sa sus estudiantes: la Biblia vivida devotamente en el lugar y el momento en que vivimos. Aunque sabía muy bien que los jóvenes no iban a estar orando todo el día, sí podían vivir su fe bíblica a cada momento. Con estos pensamientos, el Director de jóvenes se encaminó a su casa dándole gracias a Dios por cómo el grupo de estudiantes había leído y estudiado la Biblia ese día.

## Éxodo 3

En un pequeño grupo de estudio bíblico en un evento de discernimiento vocacional para personas latinas que consideraban hacer estudios teológicos formales, los integrantes del grupo hablaban del llamamiento de Moisés en Éxodo 3. Como estaban en ese evento porque sentían que también habían oído un llamamiento al liderazgo en la iglesia, tomaban muy seriamente este pasaje. La discusión era intensa en relación a algunas porciones de Exodo 3:

«Apacentando Moisés las ovejas de su suegro Jetro, sacerdote de Madián, llevó las ovejas a través del desierto y llegó hasta Horeb, monte de Dios. Allí se le apareció el Ángel de Jehová en una llama de fuego, en medio de una zarza. Al fijarse, vio que la zarza ardía en fuego, pero la zarza no se consumía. Entonces Moisés se dijo: "Iré ahora para contemplar esta gran visión, por qué causa la zarza no se quema".

Cuando Jehová vio que él iba a mirar, lo llamó de en medio de la zarza:

—¡Moisés, Moisés!

—Aquí estoy —respondió él.

Dios le dijo:

—No te acerques; quita el calzado de tus pies, porque el lugar en que tú estás tierra santa es.

Y añadió:

—Yo soy el Dios de tu padre, el Dios de Abraham, el Dios de Isaac y el Dios de Jacob.

Entonces Moisés cubrió su rostro, porque tuvo miedo de mirar a Dios» (1-6).

«¿Saben qué? Yo siempre había pensado que las personas que Dios llamaba a ser líderes de su gente, eran gente importante o algo por el estilo», empezó a decir una de las mujeres en el grupo. Un compañero en el grupo, añadió: «Yo también he pensado así, y hasta he dudado que yo, con una vida tan común y corriente como la mía, de veras haya sido llamado por Dios al servicio de su iglesia. Pero fíjense aquí que hasta el mismo gran Moisés no estaba más que pastoreando ovejas para su suegro». «Sí», recalcó la compañera que había empezado la conversación, «y aquí también vemos cómo Moisés no sabía ni de lo que se trataba primero esa llama que no quemaba la planta… mucho menos de que iba a resultar ser Dios. Él tuvo curiosidad y fue a ver qué era, pero podía haber ignorado lo que pasaba allí y seguido su camino». «Es verdad, a veces no es a Dios la primera cosa que uno ve», dijo otra mujer del grupo. Y añadió: «Yo lo primero que vi fueron los niños en la calle creciendo entre pandillas, mirando a los líderes de los pandilleros como sus líderes. Pensé que a esos niños nadie les había hablado de Dios y Jesús, pero nunca pensé que Dios me llamaría a mí a ser quien les presentara a Dios y a Jesús a esos niños. Todavía me es muy difícil aceptar ese llamado». «A mí también», dijo otro miembro del grupo, «pero cuando uno ve algo que le interesa, algo potente como una llama encendida, y se interesa uno, como tú en los niños de tu barrio, Dios ve ese interés, o quizás hasta pasión, y los usa para sus propósitos divinos». «Bueno», dijo su interlocutora, «yo me siento como Moisés aquí cuando esconde la cara porque tenía miedo de mirar a Dios». Tras de reírse un poquito por su honestidad el compañero asintió y le dijo: «Sí, darle la cara a Dios es dificilísimo. A mí también me da mucho miedo pensar que oigo a Dios llamándome a ofrecer mi vida al ministerio de su gente. Lo único que me da bastante ánimo es que después que yo dije, como Moisés, "aquí estoy", las cosas se me han facilitado y pues, aquí estoy en el proceso de entrar formalmente en el camino de candidatura para el ministerio de mi iglesia».

«Bueno, para mí eso es lo que me da más miedo y dudas», dijo uno de los miembros del grupo que no había dicho nada hasta el momento. «La verdad es que para mí, me parece que esta iglesia no es de nosotros. Somos una minoría tan pequeña y todo está controlado por los anglos. A mí me da miedo que Dios me llame a tratar de servir a mi pueblo dentro de esta institución en que mi pueblo y sus problemas son casi invisibles». Muchas de las cabezas en el grupo asentían mientras él hablaba tan honestamente. «Es verdad, pero fíjate aquí, si volvemos al pasaje que se supone que estemos discutiendo... » y empezó a leer una de las compañeras:

«Dijo luego Jehová:

—Bien he visto la aflicción de mi pueblo que está en Egipto, y he oído su clamor a causa de sus opresores, pues he conocido sus angustias. Por eso he descendido para librarlos de manos de los egipcios sacarlos de aquella tierra a una tierra buena y ancha, a una tierra que fluye leche y miel, a los lugares del cananeo, del heteo, del amorreo, del ferezeo, del heveo y del jebuseo. El clamor, pues, de los hijos de Israel ha llegado ante mí, y también he visto la opresión con que los egipcios los oprimen. Ven, por tanto, ahora, y te enviaré al faraón para que saques de Egipto a mi pueblo, a los hijos de Israel.

Entonces Moisés respondió a Dios:

—¿Quién soy yo para que vaya al faraón y saque de Egipto a los hijos de Israel?

Dios le respondió:

—Yo estaré contigo; y esto te será por señal de que yo te he enviado: cuando hayas sacado de Egipto al pueblo, serviréis a Dios sobre este monte» (7-12).

Todos reflexionaron calladamente por un momento, hasta que la mujer que había leído el pasaje volvió a hablar así: «Yo también, como Moisés y como otros de ustedes tengo dudas de si este llamado no es sólo apropiado para mí como insignificante persona que soy, sino para mí como parte de una comunidad que es, es verdad, invisible en nuestra iglesia. Eso es verdad, yo lo siento así también, pero aquí leyendo que el pueblo de Israel que Moisés sacó de Egipto —porque Dios lo escogió a él mientras cuidaba de las ovejas de su suegro— era un pueblo menospreciado también, me da confianza. Si Moisés pudo ser líder de un pueblo oprimido por un poder fuerte como Egipto, yo quizás pueda poner mi granito de arena para acompañar a mi pueblo a través de sistemas poderosos. ¿No creen ustedes?». «Bueno, esa es la realidad para todos nosotros, yo creo, porque si no, no estaríamos aquí», dijo el hombre que se había referido a la invisibilidad de su pueblo dentro de su denominación. La mujer quiso recalcar aun refiriéndose al pasaje que acababa de leer: «Aquí está Dios prometiendo a Moisés que el pueblo saldría de la tierra donde no eran tratados bien y que Dios le daría una tierra de leche y miel. Eso suena bonito, ¿no? Para mí esa tierra de leche y miel es la promesa de que nosotros dentro de esta iglesia seremos tomados en serio. Pero claro, necesitamos líderes y, ¿qué le vamos a decir a Dios cuando nos llama como nos está llamando?».

Uno de los participantes en este estudio señaló lo que Moisés había respondido a Dios: «¿Quién soy yo para que vaya al faraón y saque de Egipto a los hijos de Israel?». Pero añadió: «Tenemos que recordar que Dios no sólo nos llama, sino que promete estar con nosotros. No somos nosotros quienes vamos a afirmar la presencia de nuestro pueblo en la iglesia, sino que es Dios. Dios trabaja a través de nosotros, por eso nos llama. La verdad que esta conversación me está ayudando mucho. Gracias a todos por ser tan honestos». «Bueno», hubo de añadir la mujer que más había hablado, «lo mejor es que sabremos si Dios nos ha llamado al servir y al adorar a Dios. Como dice aquí Dios a Moisés: esto te será por señal de que yo te he enviado: cuando hayas sacado de Egipto al pueblo, serviréis a Dios sobre este monte». Los otros integrantes del grupo se miraron unos a otros, y sonriendo acordaron que habría que esperar por Dios para sentir su llamado confirmado más tarde, y que por ahora, como uno dijo: «pues hay que darle coraje, y empezar a prepararnos para servir a Dios y a nuestro pueblo».

## Salmo 27

«Jehová es mi luz y mi salvación,
¿de quién temeré?
Jehová es la fortaleza de mi vida,
¿de quién he de atemorizarme?

Cuando se juntaron contra mí los malignos,
mis angustiadores y mis enemigos,
para comer mis carnes,
ellos tropezaron y cayeron.

Aunque un ejército acampe contra mí,
no temerá mi corazón;

aunque contra mí se levante guerra,
yo estaré confiado.
Una cosa he demandado a Jehová,
esta buscaré:
que esté yo en la casa de Jehová
todos los días de mi vida,
para contemplar la hermosura de Jehová
y para buscarlo en su Templo.

Él me esconderá en su Tabernáculo en el día del mal;
me ocultará en lo reservado de su morada;
sobre una roca me pondrá en alto.

Luego levantará mi cabeza
sobre mis enemigos que me rodean,
y yo sacrificaré en su Tabernáculo sacrificios de júbilo;
cantaré y entonaré alabanzas a Jehová.

¡Oye, Jehová, mi voz con que a ti clamo!
¡Ten misericordia de mí y respóndeme!
Mi corazón ha dicho de ti:
"Buscad mi rostro".
Tu rostro buscaré, Jehová;
¡no escondas tu rostro de mí!

¡No apartes con ira a tu siervo!
¡Mi ayuda has sido!
No me dejes ni me desampares,
Dios de mi salvación.
Aunque mi padre y mi madre me dejen,
con todo, Jehová me recogerá.
Enséñame, Jehová, tu camino
y guíame por senda de rectitud
a causa de mis enemigos.
No me entregues a la voluntad de mis enemigos,
porque se han levantado contra mí testigos falsos
y los que respiran crueldad.

Hubiera yo desmayado,
si no creyera que he de ver la bondad de Jehová
en la tierra de los vivientes.
¡Espera en Jehová!
¡Esfuérzate y aliéntese tu corazón!
¡Sí, espera en Jehová!».

En un grupo de apoyo en una iglesia una noche, Alberto se sentó y escuchó la lectura del Salmo 27. Casi no había llegado esa noche. Andaba con unos amigos y había tomado un par de tragos que se había prometido no tomar. Sintiéndose una vez más como un gran fracaso, se encaminó casi por costumbre a la iglesia donde se reunía el grupo que había sido tan beneficioso para él. Pero hoy sentía vergüenza. Había caído otra vez, después de haberse mantenido sin tomar por seis meses. No tomó mucho, pero tomó, y no tomó más porque sabía que era viernes y que de alguna manera el grupo le esperaba. No le tuvo que decirle a nadie lo que había sucedido cuando entró. Todos conocían bien el olor en su aliento. Y si no, su mirada lo confesaba de todos modos.

No había una manera específica planeada para empezar la conversación sobre el pasaje bíblico del día. Ese día demoró un poquito más tiempo que otros días para que alguien empezara a hablar. Una joven leyó del salmo: «¿De quién temeré? ¿De qué he de atemorizarme?». Ahí lo dejó. No dijo más nada. Alberto, con la cabeza baja y con voz baja, también dijo: «Yo no le tengo miedo a nada ni a nadie más. Es a mí mismo al que tengo miedo».

El grupo sabía a lo que él se refería, y con compasión de hermanos y hermanas compartieron sus sentimientos de miedo hacia sí mismos. «El enemigo no es el alcohol o la droga, o los amigos que andaban perdidos en eso todavía. Somos nosotros mismos». Notaron que el Salmo 27 les recordaba que Dios es la fortaleza del salmista y que también era la fortaleza de ellos. Muy bien sabían que luchar contra la adicción es como luchar cuerpo a cuerpo con un enemigo –como una guerra, como decía el salmo.

Se refirieron al versículo que dice «él me esconderá en su Tabernáculo en el día del mal; me ocultará en lo reservado de su morada; sobre una roca me pondrá en alto», como lo que Dios hacía con ellos los viernes por la noche. Ahí en su iglesia, Dios los guardaba, los reunía unos con otros y con Dios para protegerlos de los peligros de la adicción, de caer una vez más en ella. A veces algunos recaían y no venían más. Uno de los participantes del grupo se atrevió a decirle a Alberto entonces: «¡Qué bueno que viniste!». «Sí, gracias», le contestó Alberto.

Así, pudiendo hablar de lo que Alberto estaba pasando, repasaron las líneas del salmo que tenían entre las manos. «Buscad el rostro de Dios», para ellos era reunirse. Así lo afirmaron. El rostro de Dios estaba ahí en los rostros de ellos y en su compasiva compañía unos con otros. «Aunque mi padre y mi madre me dejen, Jehová me recogerá». «Sí», dijeron, pues tantos de ellos habían perdido la confianza de sus familias, y «con razón», confesaron.

Los dos últimos versículos les tomaron la mayor parte de la noche. Quizás por animar a Alberto, pero quizás también por recordarse ellos mismos que «la bondad de Dios» ha de ser vista aquí en «la tierra de los vivientes». Sí, dijo una persona detrás de otra, ellos hubieran desmayado si no fuera por creer en esa bondad. Prueba tenían, dijeron también, de que Dios los reunía y compartía su bondad con ellos mientras ellos la compartían con sus compañeros en el grupo. Esa noche Alberto sabía que eso era cierto.

## Circunstancias contextuales

Hemos visto algunas circunstancias de algunas personas. ¡Y cuántas otras innumerables circunstancias, las de cada individuo y cada comunidad en cada momento de su vida! No hay nadie, por más títulos que tenga, que pueda siquiera imaginar lo que la palabra de Dios le dirá a cada persona, grupo, en cada uno de sus momentos históricos y vivenciales.

A Israel Dios le decía lo que le tenía que decir entonces, y nosotros ahora después de miles de años tratamos de entrever el significado del mensaje a Israel. Así también lo hacemos con el mensaje que Jesús y los autores de los evangelios les querían dar a sus contemporáneos. Lo que Dios nos dice a través del testimonio de las páginas bíblicas es para cada uno de nosotros, inmersos en nuestras comunidades y en nuestras realidades personales e históricas. Leamos la Biblia siempre dándole valor a nuestro contexto. Es lo mismo que darnos valor a nosotros mismos como criaturas de Dios.

# Conclusión

El estudio de la Biblia es cosa sagrada cuando los creyentes lo hacemos con fe. Es cosa sagrada porque en la Biblia encontramos a Dios, y Dios nos habla a través de sus páginas. Por eso decimos que la Biblia es la palabra de Dios para nosotros. Sí, a veces guardamos la Biblia en una gaveta, bien protegida de cualquier cosa que pudiera estropearla, pero así la estropeamos más. Estropeamos la Biblia completamente cuando no la leemos, cuando la tomamos por cosa dada, cuando la ignoramos. Y entonces a veces nos quejamos, «oh Dios, ¿dónde estás? ¿Cómo es que no te vemos? ¿Cómo es que no nos respondes? ¿Cómo es que no nos hablas?». Miremos en nuestras gavetas o dondequiera que nuestras Biblias se escondan. Ahí está la palabra de Dios para nosotros.

Dios no se esconde de nosotros, sino que Dios se da a conocer en su palabra que ha sido recogida por su gente fiel y pecadora poco a poco, a través de mucho, mucho tiempo. Y ahora nosotros recogemos esas palabras en nuestras propias realidades y Dios está con nosotros también en nuestros gozos, en nuestras visicitudes, en nuestros pecados y en nuestra esperanza.

Aquí, en este volumen de la serie *Conozca su Biblia*, hemos visto cómo la perspectiva de los lectores y de los grupos en los que están inmersos contribuye a la recepción e interpretación del mensaje bíblico. Hemos explorado el concepto de perspectivas y hemos enfrentado el llamamiento de ofrecer nuestra propia perspectiva a la lectura y estudio de la palabra de Dios. Para identificar esa perspectiva hemos de cimentarnos en el amor de Dios hacia nosotros. En su amor y gracia hemos sido creados y hemos sido perdonados cuando nos hemos apartado, y cuando continuamos apartándonos de los designios divinos para nosotros como individuos, como pueblos, y como comunidades de fe. La palabra del Dios bíblico sigue guiándonos y sigue inspirándonos a caminar con Dios como Dios camina con nosotros, y como caminó con su pueblo Israel para formarlo y para emplearlo para bendición a otros. Dios sigue con nosotros como siguió a través de Jesucristo en la cruz y su resurrección, y como siguió con los apóstoles y evangelistas que fueron bautizando a las naciones y dejando escritas las historias de Jesús en la tierra y en sus nuevas comunidades de fe.

Por la calidad tan íntima de la relación de Dios con nosotros en la Biblia nos encontramos con sentimientos quizás demasiado crudos, con situaciones quizás demasiado violentas, con engaños crueles, con fracasos de fe, pero también con la esperanza y la confianza perenne del pueblo de Dios hacia el amor y la fidelidad eterna de su Dios. Cuando leemos y estudiamos la Biblia en nuestros días, separados por miles de años de cuando se escribió o de los tiempos a que se refiere, quizás encontremos extraño mucho de lo que el pueblo de Dios experimentó en su momento. Extraño es porque nos separan mucho tiempo y muchas diferencias culturales. A través de ese tiempo y de esas diferentes sensibilidades culturales, sin embargo, lo que nos une con nuestros antepasados en la fe es la voluntad y el amor de Dios hacia su creación por los siglos de los siglos.

Hay otras muchas circunstancias y eventos narrados en la Biblia que reconocemos íntimamente, no importa el tiempo que haya pasado desde que se contaron por primera vez. Muchas veces reconocemos nuestra propia vida en las páginas de la Biblia y, si honestamente indagamos en nuestra más profunda intimidad individual o colectiva, encontramos las mismas llagas y los mismos anhelos de la gente de Dios de hace miles de años. Nuestras vidas son en mucho sus mismas vidas y su Dios es nuestro Dios.

Por tradiciones denominacionales no cuestionadas, en general nuestro pueblo latino y latinoamericano tiende a ver en un extremo la Biblia como un libro bien sagrado, sí, pero tan sagrado como que solamente las personas teológicamente preparadas son capaces de entenderla y traspasar su mensaje a los que saben menos. En el otro extremo, mucho de nuestro pueblo ha absorbido la forma literal de leer la Biblia que generalmente se concentra en usarla como código de conducta ética regimentada que resulta en el juicio y la condenación de las personas que no siguen un cierto patrón de conducta individual. Estas actitudes extremas hacia el testimonio bíblico son peligrosas y no responden a nuestro llamado a compartir las buenas nuevas de Dios con nuestro prójimo y con nuestro pueblo. Estas actitudes son fáciles, pues los grupos y las personas reciben el mensaje masticado por otros como comida de bebé, y por eso atraen a numerosas personas que no cuestionan los métodos de su propio evangelismo y mensaje prescrito. Pero el que estas actitudes atraigan a muchos no quiere decir que sean las más productivas para la formación de fe del pueblo.

El estudio de la Biblia no es fácil. Es complejo y contextual. Sin embargo, no son sólo los eruditos los que son expertos en la vida o en la fe. Nuestro pueblo está capacitado, más que nadie, para ver cómo la palabra de Dios le habla a esa vida y a esa fe. Nuestro pueblo está más capacitado que ningún experto, pues es su vida y su fe la que anhela y la que necesita a Dios.

Esa vida y esa fe no están escritas en un código de leyes; son vida y fe tan complejas como complejo es el mensaje. Algunos reducen ese mensaje a «haz esto» y «no hagas esto». Así, dicen que Dios nos querrá si hacemos lo correcto y lo no incorrecto, punto. Todo se reduce a leyes. Aun leyes de hace miles de años. Desafortunadamente, muchos de los que primero son atraídos a lo que parece tan fácil a la postre se cansan de la inutilidad de las recitaciones y de los códigos legalistas, así como de la arrogancia ética, y abandonan todo lo que tiene que ver con la palabra de Dios, pues no ha tocado íntimamente su vida y su fe.

La vida no es fácil; nuestra fe no es fácil. ¿Por qué hemos de pensar que una u otra pueda ser fácil y permitir que otros se atrevan a facilitárnoslas, ya sea interpretándolas por nosotros o reduciéndolas a códigos a seguir? No. Sabemos lo duro que es la vida y sabemos que sólo el espíritu de Dios puede facilitar la fe. Nuestra vida y nuestra fe han de complementarse día a día con la palabra de Dios. Así Dios nos mostró en su hijo Jesucristo al encarnarse en nuestra propia vida humana, haciéndose carne de nuestra carne.

En la Biblia tenemos la palabra de Dios, tenemos la historia de Dios encarnado en Jesucristo, pero también tenemos literatura con que ha de interpretarse a través de los sistemas de significados literarios. Tenemos historia socio-política con sistemas de significado pertinentes a esos tiempos históricos. Tenemos llamado a la liberación de situaciones complejamente circunstanciales. Tenemos visiones de Dios en espejos que reflejan nuestras distintas realidades. Y tenemos diferentes caminos para vivir nuestra fe bíblica contextualmente.

Aquí hemos visto algunos ejemplos de patrones literarios que, además de ofrecernos sus valores estéticos, conllevan mensajes en su estructura literaria. El lirismo poético del Salmo 27, que Alberto y su grupo de apoyo leyeron en nuestro ejemplo en el capítulo anterior, tocó la intimidad de ese grupo, llegó hasta la profundidad de su terror ante la posibilidad de abandonarse de nuevo a la adicción a pesar de toda la ayuda de que se estaba valiendo. El Salmo les habló a Alberto y a su grupo, por su calidad lírica, que expresa sin subterfugios las más hondas emociones de la persona. El sentimiento de miedo se expresa honestamente en el Salmo, y su poder capacitó a Alberto para confesar ese miedo –tanto así mismo como a su grupo– con semejante honestidad. «Tengo miedo de mí mismo», dijo. Y los otros pudieron decir que ellos también vivían el mismo temor. Las circunstancias de Alberto y su grupo eran diferentes a las circunstancias a las que se refería el salmo originalmente, y los enemigos a temer eran diferentes. El valor lírico de esta composición literaria, sin embargo, hermanó el sentimiento de miedo de los oyentes y lectores de hace miles de años con el de esos hombres y esas mujeres sentados el año pasado en el salón de una iglesia en los Estados Unidos.

No sólo el miedo igualó el patrón poético, sino que también lo hizo la confianza en Dios. Hace miles de años, quienes cantaban el salmo confiaron en Dios, esperando en Dios para no desmayar: «Hubiera yo desmayado, si no creyera que he de ver la bondad de Jehová en la tierra de los vivientes» (Sal 27. 13). Alberto, el año pasado, en otra tierra de otros vivientes, inspirado por esa palabra, tampoco desfalleció. En ellas encontró alivio para su debilidad y aliento para su fuerza. La palabra de Dios –en un vehículo literario poético designado a traspasar las corazas de aislamiento convencional, entonces y ahora–, quedó guardada como en vasija sagrada en un vehículo literario hasta que Alberto la necesitó y la volvió a oír.

¡Qué regalos más divinos: las metáforas, los patrones narrativos, los mitos, las imágenes, las personificaciones, los paralelismos, los símbolos y las hipérboles que guardan en su riqueza literaria la palabra de Dios! Como cuenta la Biblia que los Reyes Magos le obsequiaron lo mejor que tenían a Jesús niño, nuestros antepasados cuidadosamente recogieron lo mejor que tenían y lo envolvieron en papel literario de regalo para legarnos las maneras en que ellos vieron y sintieron a nuestro Dios cómo Dios estuvo en sus vidas. Ahí, en ese regalo de la Biblia, dejaron su testimonio histórico de fe envuelto en métaforas, símbolos, narraciones, cartas y poesía, y ahora que nosotros lo desenvolvemos por nosotros mismos, vemos el tesoro histórico, lo sacamos y lo usamos en nuestras propias vidas, en nuestro propio momento y en nuestros propios lugares.

Como hemos mantenido aquí, la mayor parte del pueblo latino y latinoamericano sigue tan oprimido como lo ha estado a través de siglos. El pueblo de Israel y las primeras comunidades cristianas nos dejaron su testimonio de opresión, pero también de liberación por medio de la gracia de Dios, primero en su pacto de relación con Israel y luego por la cruz romana en que Jesucristo murió para nuestra restauración. Así hemos visto la Biblia funcionando como llamado a la liberación que nos da poder para reclamar la dignidad de pueblo de Dios en nuestros contextos políticos, sociales, y eclesiales.

También hemos trazado nuestra visión en el espejo bíblico y hemos visto en ese espejo al artesano creador, al juez y rey, al padre y a la madre, al pastor, y hemos oído cómo Dios se llama simplemente Dios mismo: «Yo soy el que soy» en (Ex 3. 14). Como Moisés, estamos llamados a invitar a otros a mirar a Dios en el espejo de sus vidas. «Yo soy el que soy» aparecerá con trazos de artesano, monarca, padre o madre, pastor, o con los trazos necesarios en nuestro contexto para ser el que tenga que ser para que reconozcamos su poder y su salvación diaria.

Las imágenes de Dios que refleja el espejo bíblico son sólo algunas de muchas posibles imágenes de Dios. No intentemos limitar a nuestro infinito Dios a unas cuantas imágenes, por importantes, significativas y poderosas que sean. Dejemos que Dios sea el que sea para nosotros. En nuestros espejos nos vemos a nosotros mismos tanto como a Dios. En el espejo Dios escoge cómo mostrársenos en nuestras circunstancias. ¡Que el espejo refleje a Dios para poder verle! Eso es lo que vale para nuestras vidas y nuestra fe.

Armados de la palabra de Dios envuelta en papel literario del regalo divino, e inspirados por el mensaje de liberación desde el Éxodo hasta la cruz y resurrección de Jesús, nutridos de las imágenes que vieron nuestros profetas y nuestros apóstoles y evangelistas, seguimos caminando con Dios y seguimos escribiendo con nuestros pasos el camino bíblico, la historia del pueblo de Dios. Así, devocionalmente, en la presencia diaria del Espíritu divino que imbuye nuestra creación desde el principio y por los siglos de los siglos, vivimos la Biblia. Nuestro camino devocional nos lleva al estudio del texto bíblico, y nos lleva del estudio a una vida nueva desbordada del amor de Dios en nuestras familias, nuestras escuelas, nuestros centros de trabajo, nuestras comunidades dentro y fuera de nuestras iglesias.

Agradecemos a nuestros antepasados su cuidado al redactar su historia como ellos la vivieron con Dios. Nos dejaron la Biblia y su vida y fe en ella. Nosotros la tomamos ahora y seguimos con ella bajo nuestro brazo por el camino de nuestras vidas. Así se la dejaremos a las posteriores generaciones que también la leerán y la estudiarán, quizás valiéndose de nuestro ejemplo, pero con la misma inspiración del Dios que está en ella.

¡Gracias a Dios por la Biblia! Conozcámosla leyéndola, estudiándola, viviéndola.

# Bibliografía selecta

Barton, John, *La interpretación bíblica hoy* (Santander: Sal Terrae, 2001)

Croatto, Severino, *Hermenéutica práctica: Los principios de la hermenéutica en ejemplos* (Quito: Centro Bíblico Verbo Divino, 2002)

Duval, Scott y Hays, J. Daniel, *Hermenéutica: Entendiendo la Palabra de Dios* (Barcelona: CLIE, 2009)